Stefan Reinisch & Harald Marek

HAND- UND ARMHEBEL
für alle Kampfsportarten

Einbandgestaltung: Luis dos Santos

Idee und Text: Stefan Reinisch
Titelbilder: Maria Marek
Bildnachweis: Alle Fotos im Innenteil von Mag. Harald Marek
Grafiken: entnommen aus »Henry Gray: Anatomy of the Human Body«
(Philadelphia: Lea & Febiger, 1918)

Eine Haftung des Autors oder des Verlages und seiner Beauftragten
für Personen-, Sach- und Vermögensschäden ist ausgeschlossen.

ISBN 978-3-613-50669-5

Copyright © 2011 by Verlag pietsch, Postfach 103742, 70032 Stuttgart.
Ein Unternehmen der Paul Pietsch Verlage GmbH & Co.

1. Auflage 2011

Sie finden uns im Internet unter www.motorbuch-verlag.de

Nachdruck, auch einzelner Teile, ist verboten. Das Urheberrecht und sämtliche weiteren Rechte sind dem Verlag vorbehalten. Übersetzung, Speicherung, Vervielfältigung und Verbreitung einschließlich Übernahme auf elektronische Datenträger wie DVD, CD-ROM, Bildplatte usw. sowie Einspeicherung in elektronische Medien wie Bildschirmtext, Internet usw. sind ohne vorherige schriftliche Genehmigung des Verlags unzulässig und strafbar.

Lektorat: Dr. Anke Susanne Hoffmann
Innengestaltung: Gold Rose Publishing Ltd., Stuttgart
Druck und Bindung: Longo AG, 39100 Bozen
Printed in Italy

Inhalt

1. Anatomie	6
2. Grundsätzliches zur Ausführung von Hand- und Armhebeln	12
3. Zweck von Hebeln	13
4. Rücksichtnahme beim Üben	14
5. Übungsformen	
5.1 Basismäßige Ausführungen	15
5.2 Drill 1	15
5.3 Drill 2	17
5.4 Kombination an der Außenseite	20
5.5 Verbesserung der Griffsicherheit	21
6. Systematik	24
7. Handhebel	
Handhebel 1 – Kote gaeshi	24
Handhebel 2	37
Handhebel 3	44
Handhebel 5	52
Handhebel 6 – Tekubi waki gatame	58
Handhebel 7	61
Handhebel 8	68
Handhebel 9	72
Handhebel 11 – Ude nobashi	75
Handhebel 12	76
Handhebel 14	78
Handhebel 15 – Jun te dori	81
Handhebel 16	85
Handhebel 17	87
Handhebel 18	92
Handhebel 19	99
Handhebel 20 – Gyaku kote hineri	103
Handhebel 21	110
Handhebel 22 – Kote hineri	112
Handhebel 24 – Kote mawashi	118

8. Ellbogenhebel im Stand

Ude hishigi shita oshi	122
Ude hishigi waki gatame	126
Ude kujiki	132
Kata ude kujiki	136
Ude kujiki kubi kanuki	139
Zempaku garami (Sonderform)	140

9. Schulterhebel im Stand

9.1	**Außenrotation** (*Supination*)	144
	Shiho nage	144
	Hantei ude garami	154
	Ude garami tachi waza	159
	Kuzure gyaku ude garami	166
	Sonderform 1	173
	Sonderform 2	174
9.2	**Innenrotation** (*Pronation*)	178
	Hiji maki komi	178
	Hiji maki shita	188
	Ude hineri	193

10. Ellbogenhebel am Boden

Ude osae	199
Ude hishigi hiji gatame	203
Yoko ude hishigi hiza gatame	207
Ude hishigi juji gatame	210
Kuzure ushiro kata hishigi	214

11. Schulterhebel am Boden

11.1	Außenrotation	218
	Ude garami ne waza	218
	Kesa garami	220
11.2	Innenrotation	222
	Mune garami	222

Danksagung   223

> *»Gebt mir einen festen Punkt im All und*
> *ich heble euch die Welt aus den Angeln!«*
>
> Archimedes (285–212 v. Ch., Syrakus/Sizilien).

Nun, die Welt brauchen wir nicht gleich auszuhebeln. Wir wollen lediglich unsere Hand- und Armhebel (Tekubi waza, Ude kansetsu waza) verbessern. Aber auch hier hilft die Vorstellung, dass wir mit einem Drehpunkt (dem Handgelenk bzw. dem Ellbogen- und Schultergelenk) und einem Hebelarm (vom Ende der Mittelhandknochen bis zum Handgelenk bzw. dem Unterarm) arbeiten.

Die meisten der dargestellten Hebel werden zunächst in einer »basismäßigen Ausführung« gezeigt, die dem Anfänger Gelegenheit geben soll, die grundlegenden Bewegungsabläufe zu trainieren.

Der schönste Hebel nutzt jedoch nichts, wenn wir nicht wissen, wie wir ihn – durchaus auch mal aus der Dynamik heraus – ansetzen können, wie wir in ihn »hineinkommen«. Auch hinsichtlich dieses Problems soll hier Abhilfe geschaffen werden.

1. Anatomie

Das **Handgelenk** verbindet die Hand mit Speiche und Elle. Es besteht aus mehreren Gelenken, diese wirken zusammen als funktionelle Einheit und ermöglichen die **Beugung** (*Flexion*) Richtung Handinnenfläche, die **Streckung** (*Extension*) Richtung Handrücken, die **Abspreizung** (*Abduktion*) **Richtung Daumen** sowie die **Abspreizung Richtung Kleinfinger**.

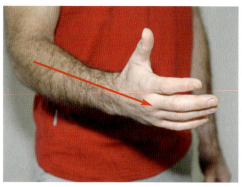

Normalposition

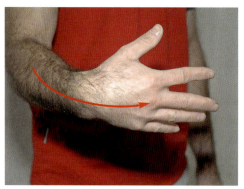

Beugung (*Flexion*)

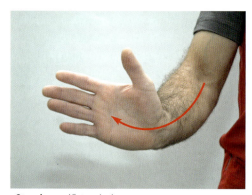

Streckung (*Extension*)

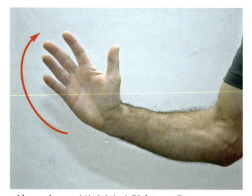

Abspreizung (*Abduktion*) **Richtung Daumen**

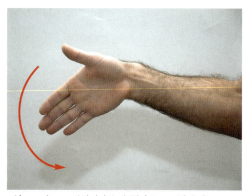

Abspreizung (*Abduktion*) **Richtung Kleinfinger**

Bei manchen Hebeln kommt dann noch eine Rotation des Arms hinzu (**Außenrotation** = *Supination*, **Innenrotation** = *Pronation*).

Merkhilfe: So trägt man die Suppe, so hält man das Brot.

Außenrotation (*Supination*)

Innenrotation (*Pronation*) – Die Bezeichnung der Rotation bezieht sich in diesen Darstellungen immer auf die rechte Hand.

Die einzelnen Gelenke des Handgelenkes werden durch eine Vielzahl von Bändern gestützt, die die Gelenkkapsel verstärken.

Folgende Abbildungen verdeutlichen den komplizierten Aufbau des Handgelenks:

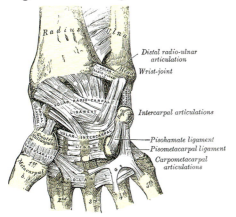
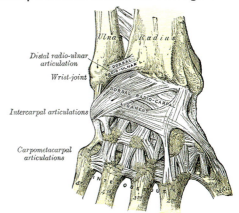

Ansicht der Handgelenkinnenseite Ansicht der Handgelenkaußenseite

Der Bewegungsumfang bzw. der Winkel der oben genannten Bewegungen (Beugung, Streckung, Abspreizung) hängt von der Art der Einwirkung ab:

Die kleinste Bewegung ergibt sich bei entspanntem Gelenk durch die Einwirkung der Schwerkraft. Etwas größer wird der Winkel, wenn die Bewegung aktiv durch Muskelkraft durchgeführt wird. Will man über diesen Punkt hinaus, ist eine zusätzlich von außen wirkende Kraft notwendig. Dadurch wird ein (Schmerz-)Bereich erreicht, in dem mit Hebeltechniken gearbeitet werden kann.

Das **Ellbogengelenk** ist ein zusammengesetztes Gelenk. Es besteht aus drei Teilgelenken mit einer gemeinsamen Gelenkkapsel, bei denen der Oberarmknochen (*Humerus*) jeweils mit einem der beiden Unterarmknochen Speiche (*Radius*) und Elle (*Ulna*) in Verbindung steht. Ober- und Unterarm können im Ellbogengelenk gebeugt (*Flexion*) und gestreckt (*Extension*) werden. Darüber hinaus ist es funktionell an der Drehung der Hand (*Pronation, Supination*) beteiligt.

Beim Ellbogenhebel wird das Gelenk in der Regel gestreckt, der Drehpunkt liegt dabei schulterwärts knapp oberhalb der Ellbogenspitze: Bei entspannter Muskulatur bleibt der Arm im Ellbogengelenk daher gestreckt:

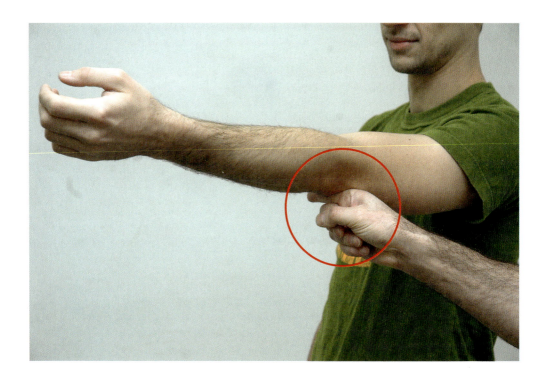

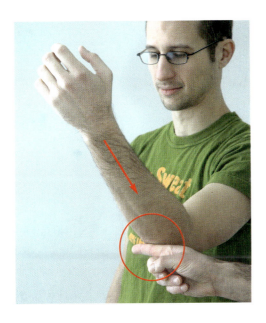

Liegt der Drehpunkt fälschlicher Weise knapp unterhalb der Ellbogenspitze, so rutscht der Arm nach unten ab:

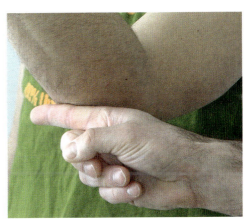

Das **Schultergelenk** wird vom Oberarmknochenkopf (*Caput humeri*) und dem Schulterblatt (*Scapula*) gebildet. Dieses Gelenk ist vor allem durch Muskulatur gesichert, die Bewegungen werden kaum durch knöcherne Strukturen eingeschränkt, es ist daher das beweglichste Kugelgelenk des menschlichen Körpers.

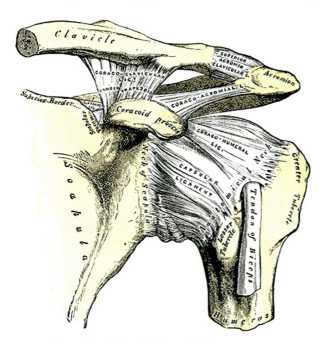

Darstellung eines linken Schultergelenks

Die Gelenkkapsel des Schultergelenks ist relativ weitläufig und schlaff, dadurch ergibt sich ein großer Bewegungsspielraum. Das Schultergelenk hat in Relation zu seiner Beanspruchung einen sehr schwachen Bandapparat, eine Führung durch Bänder ist daher nicht gegeben. Die Führung und Absicherung des Schultergelenks erfolgt durch manschettenartig umschließende Muskeln, die sogenannte Rotatorenmanschette. Sie übernimmt die Hauptsicherung des Gelenks.

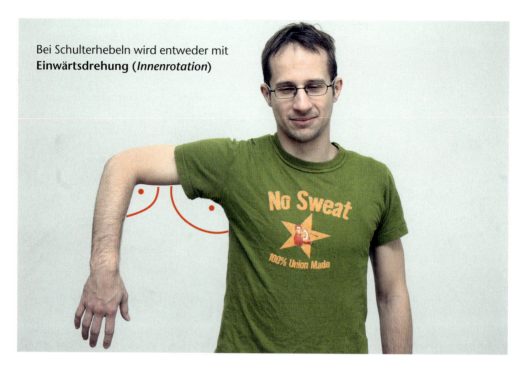

Die größte Wirkung erzielt man normaler Weise in beiden Fällen bei einem Winkel von 90 Grad sowohl zwischen Rumpf und Oberarm so als auch zwischen Ober- und Unterarm.

Auswirkungen eines durchgerissenen Ellbogenhebels:

Eine Überstreckung des Ellbogengelenks bewirkt eine Luxation. Eine Luxation (lat. *luxare* = verrenken) ist eine über die einfache Belastung hinausgehende Verschiebung zweier durch ein Gelenk verbundener Knochen zueinander. Eine Luxation stellt grundsätzlich eine schwere Schädigung eines Gelenkes dar. Die an der Bildung eines Gelenkes beteiligten Knochen können nicht ihren funktionellen Verbund einbüßen, ohne dass die Gelenkkapsel massiv verletzt wird. Oft kombiniert mit Frakturen.

Bei einer gewaltsamen Überstreckung kann es zum Bruch des Ellbogenhakens (*Olecranon*), der »Ellbogenspitze« am Ende der Elle, kommen. In solchen Fällen kann es zu Schädigungen des *Nervus ulnaris* (»Musikantenknochen«, »narrisches Bandl«*)* und *Nervus radialis* kommen mit Lähmung von Teilen des Arms und/oder der Hand. Zusätzlich kann es zu einer Verletzung der Oberarmarterie (*Arteria brachialis*) kommen.

Auswirkungen eines durchgerissenen Schulterhebels:

Geht man über den normalen Bewegungsbereich hinaus (Einwärtsdrehung ca. 30 Grad, Auswärtsdrehung ca. 60 Grad), kommt es zur oben beschriebenen Luxation.

Kommt es durch einen Unfall zur Luxation, handelt es sich zumeist um eine vordere (d. h. bei Außenrotation und Abduktion, wie z. B. beim Handballspieler mit ausgestrecktem Wurfarm). Nach einem solchen Trauma können schon bei geringeren Kräften Folgeluxationen auftreten. Verantwortlich dafür sind verbliebene Schäden (Knochenbrüche, Knorpel-, Muskel- und Nervenschäden) und Schwächen des Kapsel- und Bandapparates. Die (unfallbedingte) Luxation nach hinten ist sehr selten.

2. Grundsätzliches zur Ausführung von Hand- und Armhebeln

Da das Gelenk aus einer Vielzahl von miteinander verbundenen Einzelteilen (Knochen, Sehnen und Bänder) besteht, ist es klar, dass es wie jede andere derartig beschaffene Struktur auf Druck mit erhöhter Stabilität reagiert. Wird eine derartige Struktur jedoch auseinander gezogen, verringert sich diese Stabilität. Zur Erhöhung der Wirksamkeit von Handhebeln muss das Gelenk daher unter Zug gesetzt – quasi »aufgemacht« – werden.

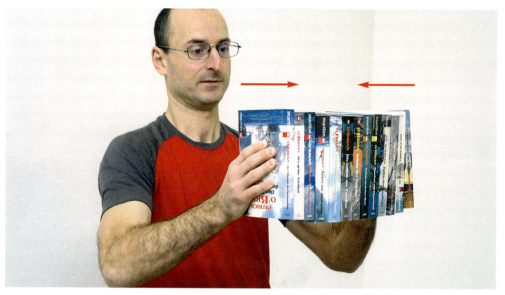

Zur Verdeutlichung

3. Zweck von Hebeln

Durch einen Hand- oder Armhebel kann entweder im Ernstfall das Gelenk sehr schnell zerstört (Bänder- und Kapselriss) und der Angreifer damit ausgeschaltet oder durch den entstehenden Schmerz kontrolliert werden.

Schmerz ist zunächst einmal ein Alarmsignal, bedeutet aber nicht sofort eine Schädigung des Gelenks. Ohne Schmerz wüsste ein Trainingspartner oft nicht, was jetzt von ihm erwartet wird. Der Schmerz hat also eine Steuerungsfunktion, da der »normal« veranlagte Mensch versuchen wird, den Schmerz durch Ausweichbewegungen zu vermeiden.

> **Selbstverständlich sind dem Einsatz von Hebeln Grenzen gesetzt:**
> - Zum einen durch die Art des Angriffs,
> - zum anderen aber auch durch zu große physische Überlegenheit des Angreifers
> - und hohe Schmerztoleranz.

Da bei Betrunkenen (ebenso bei Personen, die unter dem Einfluss anderer Suchtgifte stehen) das Schmerzempfinden oft reduziert ist, ist in solchen Fällen eine Kontrolle über die Schmerzentwicklung eines Hebels nur sehr eingeschränkt gegeben.

Zwar kann durch eine gute Ausführung viel an mangelnder Kraft wettgemacht werden, die Möglichkeiten sind aber limitiert. Es wäre nur ehrlich, gerade Anfängern diese Grenzen aufzuzeigen, damit keine falschen (und eventuell gefährlichen) Hoffnungen geweckt werden.

4. Rücksichtnahme beim Üben

Wie gesagt: Vor der Schädigung kommt der Schmerz. Unterschiedliche Trainingspartner haben ein unterschiedliches Schmerzempfinden und werden auch unterschiedlich auf einen Handhebel reagieren.

Es gibt hinsichtlich des Schmerzempfindens Extreme in beide Richtungen: Die einen reagieren überraschend schnell auf die Technik, die anderen erst sehr spät. Ich darf nicht von meinem eigenen Empfinden ausgehen, sondern muss das Signal des Trainingspartners (»Abklopfen«, verbale Reaktion) unbedingt respektieren, sprich: den Hebel lockern.

In seltenen Fällen setzt das Schmerzempfinden so spät ein, dass es vorher zu einer Schädigung des Gelenks (der Bänder) kommen würde. Im eigenen Interesse sollte man in diesem Fall bereits das Signal zur Aufgabe geben, auch wenn es subjektiv noch gar nicht notwendig sein sollte.

Zur Bezeichnung der beteiligten Personen:

Der ausführende Part wird als »Tori« bezeichnet, der erleidende als »Uke«.
Zwecks deutlicher Darstellung tragen auf den nachfolgenden Fotos Uke und Tori neben der Gi-Hose statt der üblichen Jacke nur entsprechend farbige T-Shirts.

5. Übungsformen

5.1 Basismäßige Ausführungen
Bei der »**basismäßigen**« **Ausführung** bleibt Uke passiv. Der **Anfänger** soll sich auf diese Art die Grundprinzipien (Fassart, Hebelrichtung etc.) aneignen. Diese Ausführung wird jeweils am Beginn jedes einzelnen Hebels dargestellt.

Fortgeschrittene können darüber hinaus viele Hebel zur Verbesserung der Griffsicherheit aus sogenannten »**Drills**« (Endlosschleifen) sowie aus **Technikkombinationen** heraus üben.

5.2 Drill 1
Der Ablauf in Kürze: **Faustschlag – 1. Kontakt – 2. Kontakt – 3. Kontakt (Ellbogenblockade) – Gegenangriff** usw.

Der Winkel des Faustschlages kann variieren. Nach drei Kontakten erfolgt der Gegenangriff. Es kommt zu einem ständigen Wechsel zwischen der Rolle des »Angreifers« und der des »Verteidigers«. Zur Aufrechterhaltung des Flusses sollte der Kontakt nicht aufgegeben werden, damit es nicht zu einem Bruch im Bewegungsablauf kommt.

Faustschlag — 1. Kontakt

2. Kontakt

Übergang

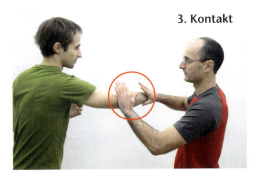
3. Kontakt

Hand- und Armhebel — Übungsformen – Drill 1

Ellenbogenblockade

Gegenangriff

1. Kontakt

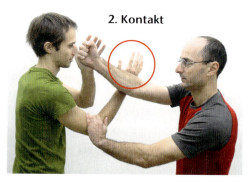
2. Kontakt

Übergang

3. Kontakt

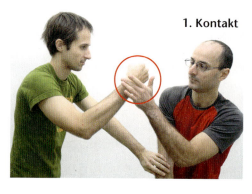
1. Kontakt

Innenrotation

Ziel ist hier das Erreichen der **Innenrotation** *(Pronation)* des angreifenden Arms:

Der Drittkontakt wird beim Üben der einzelnen Hebeltechniken daher durch den Hebelansatz ersetzt!

5.3 Drill 2

Der Ablauf in Kürze: **Faustschlag – 1. Kontakt – 2. Kontakt – Gegenangriff** usw.

Auch hier wird mit einem Faustschlag angegriffen. Jedoch bleibt hier die Rollenverteilung zwischen »Angreifer« und »Verteidiger« gleich. Da sich der Verteidiger auf der gefährlichen Innenseite des Angreifers befindet, ist ein kurzes Atemi zur Absicherung gegen einen Schlag mit der anderen Hand notwendig.

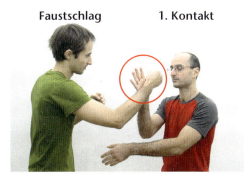

Faustschlag · 1. Kontakt

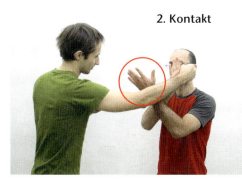

2. Kontakt

Hand- und Armhebel — Übungsformen – Drill 2

Übergang

zufassen

Gegenangriff

Faustschlag

1. Kontakt

2. Kontakt

zufassen

Gegenangriff

Außenrotation

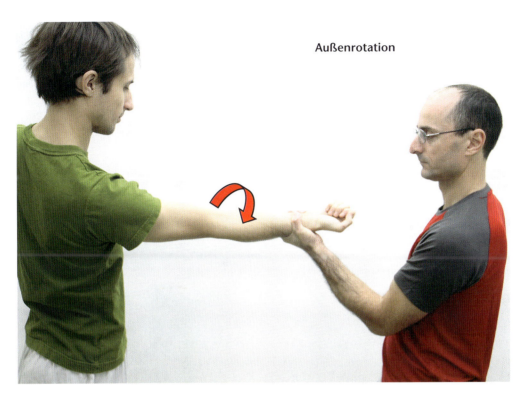

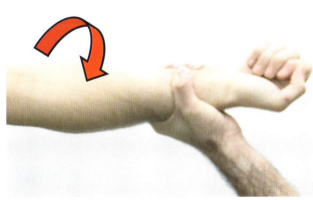

Ziel ist hier das Erreichen der **Außenrotation** *(Supination)* des angreifenden Arms.

5.4 Kombination an der Außenseite

Oft ist es recht schwierig, direkt in einem Hebel zu landen, da erst eine größere Distanz zwischen Uke und Tori überbrückt werden muss. Es ist daher zu empfehlen, die Hebeltechnik als Abschluss einer ganzen **Technikkombination**, welche alle Distanzen (Trittdistanz, Schlagdistanz) berücksichtigt, zu üben. Die Möglichkeiten dazu sind zahlreich, wir möchten uns dabei auf zwei Kombinationen beschränken:

Erste Kombination an Ukes **Außenseite**, der Angreifer (Uke) steht Tori kampfbereit gegenüber:

Tritt an Ukes Schienbein, gleichzeitig wird sein Unterarm nahe am Handgelenk erfasst, Fauststoß zu Ukes Rippen:

Ziel ist hier das Erreichen der **Innenrotation** *(Pronation)* des angreifenden Arms: (vergleiche große Abbildung auf Seite 17 oben).

5.5 Verbesserung der Griffsicherheit

Ebenfalls zur Verbesserung der Griffsicherheit sind folgende Übungen zu empfehlen: Ein Trainingspartner hält einen Arm ausgestreckt (je lockerer, desto schwieriger für den anderen). Der andere Trainingspartner »umkreist« jetzt mit seiner Hand bzw. seinem Handgelenk dessen Handgelenk, ohne den Kontakt zu verlieren. Dies kann in beide Kreisrichtungen sowie diagonal und gleichseitig geübt werden.

Diagonal, im Uhrzeigersinn:

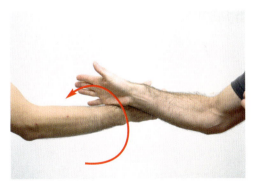

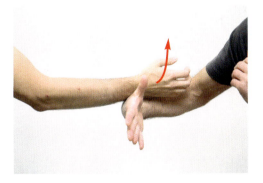

Hand- und Armhebel — Verbesserung der Griffsicherheit

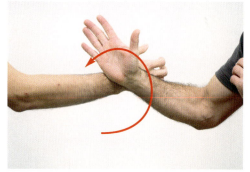

Diagonal, gegen den Uhrzeigersinn:

Gleichseitig, gegen den Uhrzeigersinn:

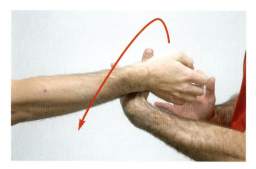

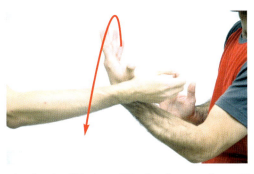 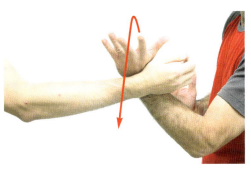

Auch ein flüssiger **Wechsel von einer Hand zur anderen** ist möglich (in einer Art Achterschleife). Wir erhalten damit abwechselnd einmal eine Innenrotation (*Pronation*), das andere Mal eine Außenrotation (*Supination*) des Arms.

Handwechsel

Handwechsel

6. Systematik

Was die Reihung der einzelnen Hebeltechniken anbelangt, halten wir uns an die Systematik von *Mikinosuke Kawaishi* (1899–1969), dem Gründer des JuJitsu-Stils »*Kawaishi-Ryu*«. Manche Hebel haben eine japanische Bezeichnung, die meisten nur eine Nummer und manche haben beides. Die Nummerierung ist im vorliegenden Lehrbuch nicht durchgehend, da zum einen die Darstellung sämtlicher Hebel den Umfang des Buches gesprengt hätte, zum anderen die fehlenden Hebeltechniken von geringer Relevanz sind. Was die Ausführungen betrifft, so spiegeln sie unsere persönlichen Vorlieben wider. Jede Technik muss an die individuellen physischen Möglichkeiten angepasst werden.

7. Handhebel

Handhebel 1 – Kote gaeshi (Unterarm-Umwerfen)

Einer der »Klassiker« auch im Aikido, mit einem breiten Anwendungsspektrum und guter Wirksamkeit.

Wirkungsweise: Beugung (*Flexion*) + Außenrotation des Arms (*Supination*)

Basismäßige Ausführung:
Tori fasst so zu, dass sein Daumen auf Ukes Kleinfingergrundgelenk liegt, die übrigen Finger in der Handgelenkbeuge.

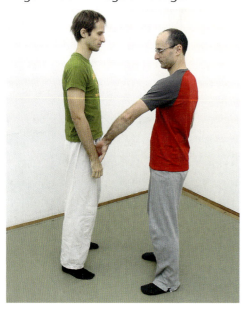
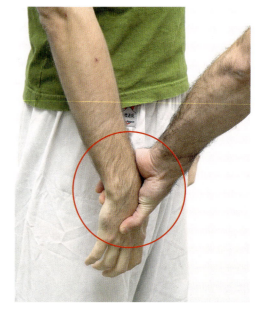

Handhebel 1 – Kote gaeshi

Es folgt eine Doppelschrittdrehung: Drehachse ist zunächst Toris linkes Bein (damit bewegt er sich von der freien Schlaghand Ukes weg),

dann Toris rechtes Bein (womit er Ukes Arm in Streckung und die Hand vor seinen Körperschwerpunkt bringt):

Der Hebel beginnt mit **Zug und Beugung** (2/3 des Erfolgs) und setzt fort mit **Außenrotation** (1/3):

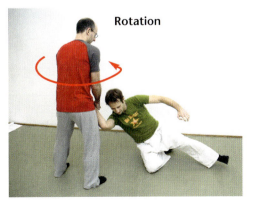

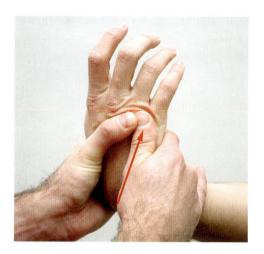

Anmerkungen:

Die Daumen liegen am **längstmöglichen Hebelarm** (das ist in diesem Fall, da auch eine Rotation erfolgen soll, das Kleinfingergrundgelenk):

Es darf der Arm nicht zur Schulter hin aufgerollt werden, sondern es muss durch **Zug** das Gelenk aufgemacht werden; erst danach folgt die **Beugung** und schließlich die **Außenrotation**:

Vergisst Tori die Beugung und beginnt gleich mit der Außenrotation, besteht die Gefahr, dass Uke durch eine Vermeidebewegung die Technik verhindern kann, mit möglicher Weise fatalen Folgen für Tori:

Hand- und Armhebel Handhebel 1 – Kote gaeshi

Zur besseren Kraftübertragung und aus Gründen der Stabilität sollten die Hände vor dem eigenen Körper in **Bauchhöhe** gehalten werden:

Ausführung aus der **Bewegung:**
Uke kommt auf Tori zu und will dessen Revers fassen. Kontaktaufnahme mit der offenen Hand (nicht zufassen!):

Tori steigt aus der Angriffslinie nach links heraus, umschlingt Ukes Arm und wickelt diesen mit einer Schrittdrehung um seine Rumpfseite (möglichst nah, da sonst die Fliehkräfte zu stark werden), Drehpunkt ist sein linker Fuß:

Uke wird auf diese Art beschleunigt. Es folgt die zweite Schrittdrehung, wodurch sich Tori Platz für die notwendige Streckung von Ukes Arm verschafft. Drehpunkt ist nun sein rechter Fuß:

Die Hebelwirkung ergibt sich zu einem großen Teil aus der Rumpfdrehung:

Hand- und Armhebel   Handhebel 1 – Kote gaeshi

Beispiel für statische Ausführung: Uke fasst Tori diagonal am Handgelenk. Tori entfernt sich als erstes von Ukes linker Hand (Gefahr eines Faustschlages). Toris linke Hand fasst unter Zug Ukes Handgelenk:

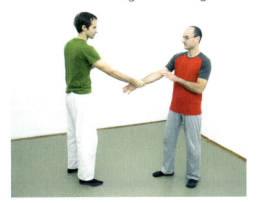

Der Druck auf den Handrücken wird hier mit Hilfe des Unterarms ausgeübt:

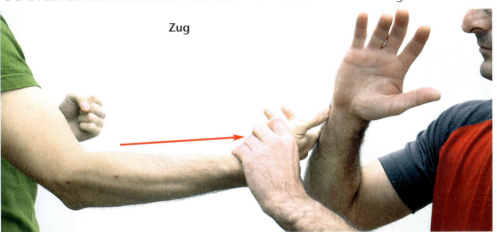

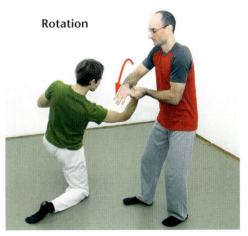

Als letzte Technik der **Kombination an Ukes Außenseite:** Tori beginnt mit einem Ausfallschritt und nimmt – Handgelenk an Handgelenk – Kontakt auf:

Es folgt ein Tritt an Ukes Schienbein und ein Faustschlag zu den Rippen:

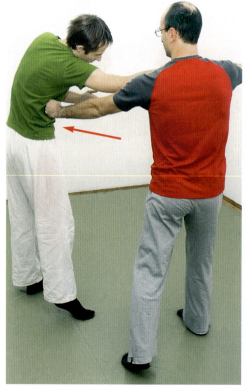

Die Schlaghand erfasst von oben Ukes Hand (Daumen am Kleinfingergrundgelenk):

Toris linke Hand zieht, sein rechter Unterarm übt den zur Beugung notwendigen Druck aus. Sobald Ukes Gleichgewicht gebrochen ist, erfolgt die Außenrotation:

Zug + Beugung

Rotation

Zur Verbesserung der Griffsicherheit lässt sich dieser Hebel auch abwechselnd zwischen den Partnern als Abschluss des »**Drill 1**« üben:

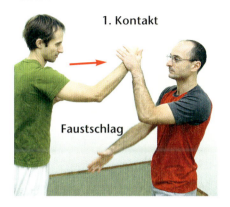

Der »Drittkontakt« wird durch den Hebelansatz (Zug mit Beugung, dann Außenrotation) ersetzt!

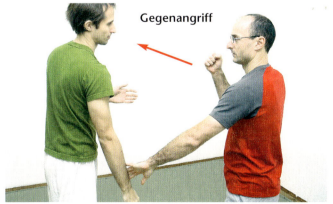

Die Möglichkeiten zur Fixierung mit diesem Handhebel sind begrenzt, da bei allen Varianten Schwachstellen bestehen. Der Wechsel zu anderen Fixierungen (Armhebel, andere Handhebel) ist daher zu empfehlen. Trotzdem betrachten wir im Folgenden die verschiedenen Varianten:

Fixierung in Rückenlage:

Tori kniet mit seinem Schienbein auf Ukes Oberarm und setzt den Handhebel in dieser Position fort (Beugung + Außenrotation). Uke ist es jedoch leicht möglich, mit seiner anderen Hand die gehebelte Hand zu erfassen, wodurch die Technik verloren ist. Dies geschieht oft reflexartig:

Eine andere Möglichkeit zur Fixierung Ukes in Rückenlage: Kurzer Tritt zu Ukes Rippen (damit gelangt er in Seitlage), Tori steigt über Ukes Arm hinweg und stellt seinen Fuß knapp neben Ukes Kopf:

Zur Verdeutlichung um 180 Grad gedreht: Toris rechtes Bein sperrt Ukes Kopf, dessen **gebeugter** Arm befindet sich **unter** Toris linkem Knie. Gehebelt wird mit einer leichten Körperdrehung. Diese Fixierung ist zwingend, allerdings ist der Eingang nicht ganz einfach.

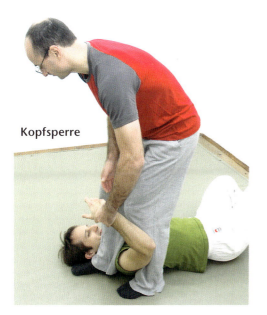
Kopfsperre

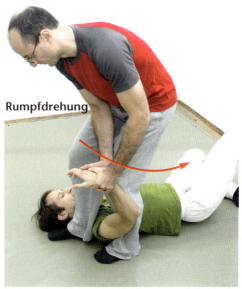
Rumpfdrehung

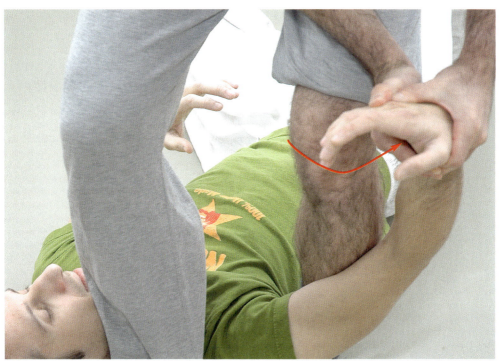

Andererseits kann gerade der Schwung dazu genutzt werden, um Uke in Bauchlage zu bringen. Durch Zug am Arm lässt man Uke nicht ganz zu Boden kommen, es ergibt sich somit bei seinem Gesäß ein Drehpunkt. Dadurch und durch eine »Umrührbewegung« am Arm bekommt Uke ein Drehmoment, das ihn in Bauchlage befördert. Dort kann z. B. mit Handhebel 2 fixiert werden:

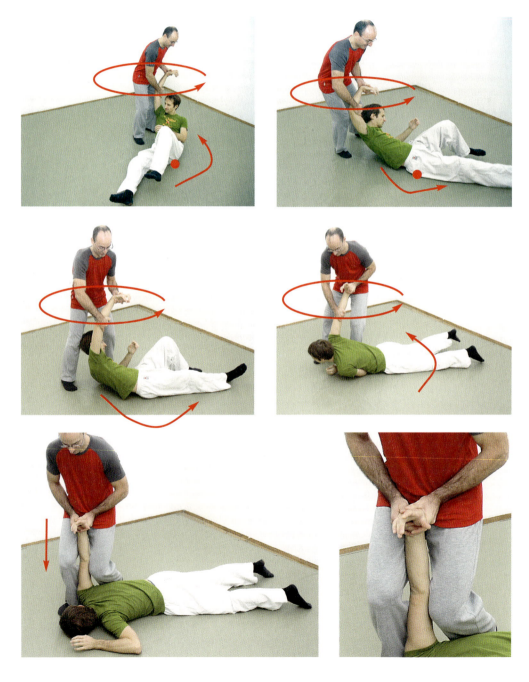

Handhebel 2

<u>Wirkungsweise:</u> Beugung (*Flexion*) + Innenrotation des Arms (*Pronation*)

Bei **basismäßiger Ausführung** greift Tori die diagonale Hand Ukes, sein Daumen liegt am Handrücken:

Innenrotation

Unter Zug rotiert Tori den Arm nach innen, seine zweite Hand fasst ebenfalls zu:

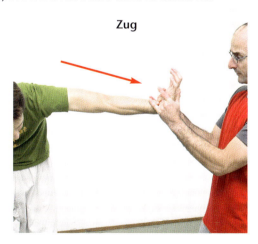

Zug

Beide Daumen liegen für den längstmöglichen Hebelarm bei den Fingergrundgelenken. Um Uke zu Boden zu bringen, muss am Handgelenk **Zug und Beugung** bewirkt werden. Weiterhin sind ein (oder mehrere) Ausfallschritte rückwärts notwendig:

Zur Fixierung in Bauchlage wird die Beugung verstärkt und Ukes Arm durch Kontakt zu Toris Oberschenkel kontrolliert:

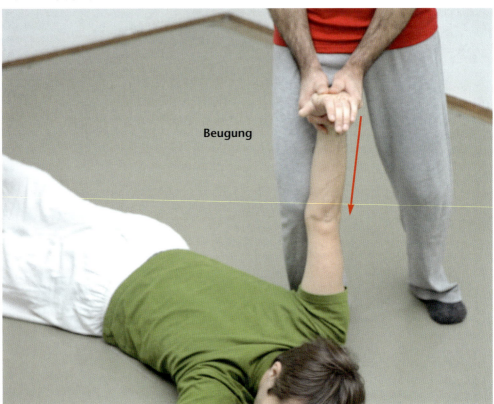

Hand- und Armhebel | Handhebel 2

Bei einem kräftigen Uke ist diese Variante sicherer: Tori hält das Handgelenk zwischen seinen Handspannen, als würde er gerade in ein Brötchen beißen wollen. Dadurch kann Uke seine Hand nur sehr schwer aus dem Griff heraus reißen, da das Handgelenk in der Regel den schmalsten Teil des Unterarms bzw. der Hand darstellt:

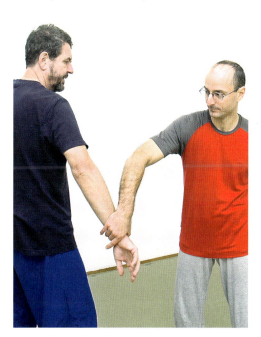

Dennoch sollte das Handgelenk – wie auf den folgenden beiden Fotos dargestellt – frei beweglich sein und die Handhaltung das Gelenk nicht zusätzlich stabilisieren:

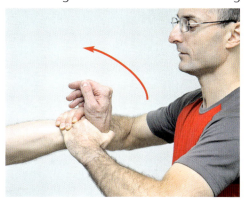

Nun wird der Handrücken auf das Brustbein gelegt. Durch Vorbeugen im Rumpf bei gleichzeitigem Ausfallschritt rückwärts überträgt sich diese beträchtliche Kraft (ohne dass es dazu großer Anstrengung bedarf) auf das Handgelenk:

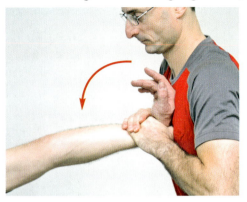

Wenn Uke zu Boden gebracht werden soll, besteht ein oft zu beobachtender Fehler darin, dass am Arm »angeschoben« wird. Dies wird nur bei einem bereits konditionierten Partner funktionieren. Die normale Reaktion besteht in diesem Fall nämlich in der automatischen Beugung im Ellbogengelenk und einem »Herausdrehen« aus der Technik:

FALSCH!   Schub

Der entscheidende Punkt ist:

Es muss mit Zug gearbeitet werden. Dieser Zug darf aber nicht langsam und kontinuierlich erfolgen, da sich Uke darauf einstellen kann. Durch die enge Fixierung am Brustbein überträgt sich jede Bewegung Toris auf das Handgelenk. Erfolgt daher ein **sehr kurzer, scharfer Ruck** am Arm des Uke (das bedeutet nicht, dass der Hebel durchgerissen wird!), hat dies die Brechung des Gleichgewichts (japan. *Kuzushi*) – wie bei einem Wurf – zur Folge. Es wird dadurch ein zusätzlicher Reiz erzeugt. Der Ruck wird durch plötzliche Kontraktion der Muskulatur des Rumpfes erzeugt, so als würden wir heftig niesen. Gleichzeitig »versacken« wir durch Beugung in den Kniegelenken um ca. fünf Zentimeter im Boden. Beim Üben sollte diese Aktion allerdings vorher angekündigt werden, da der Ruck eine starke Belastung der Halswirbelsäule darstellt:

Ruck!

Der weitere Zug wird durch Nachsetzschritte (»Tsugi ashi«) ausgeübt, ähnlich wie beim Seilziehen.

Hand- und Armhebel — Handhebel 2

Wenn der Widerstand trotz des erwähnten Rucks nicht gebrochen werden kann, kann Ukes Basis durch schnelle kurze Tritte gegen seine Unterschenkel erschüttert werden. Auch ein Tritt zu Ukes Rumpf erfüllt diesen Zweck:

Als letzte Technik der **Kombination an Ukes Außenseite**: Tritt, Fauststoß:

Innenrotation

Hebelansatz

Hand- und Armhebel — Handhebel 2

Zug

Fixierung

Zur Verbesserung der Griffsicherheit lässt sich dieser Hebel auch abwechselnd zwischen den Partnern als Abschluss des »**Drill 1**« üben:

1. Kontakt

2. Kontakt

Innenrotation

Hebelansatz

Lösen

Handhebel 3

Wirkungsweise: Beugung (*Flexion*) + Innenrotation des Arms (*Pronation*)

Basismäßige Ausführung:
Tori fasst diagonal das Handgelenk Ukes:

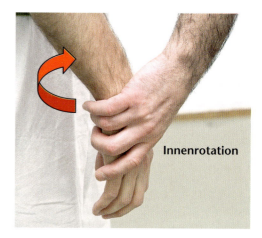

Tori hebt den Arm in die Waagerechte, seine zweite Hand fasst ebenfalls zu. Im Idealfall besteht sowohl zwischen **Hand und Unterarm** als auch im **Ellbogengelenk** ein **rechter Winkel**:

Hand- und Armhebel   Handhebel 3

Achtgeben muss man beim Zufassen: Liegt nämlich der Daumen des Tori genau in der Handspanne des Uke, kann dieser den Daumen fassen und den Griff aufbrechen:

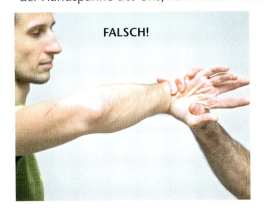

Hier haben Uke und Tori aus Gründen der Anschaulichkeit die Plätze getauscht:

Tori sollte daher beim Zufassen seinen Daumen am Daumengrundgelenk oder am Zeigefingergrundgelenk des Uke platzieren:

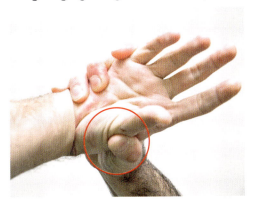

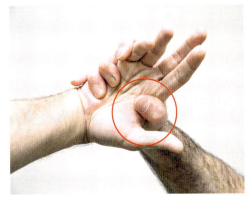

Varianten in der Ausführung:
Der Hebel wird von Tori oft durch Abspreizung (*Abduktion*) seiner Hände in Richtung seiner eigenen Kleinfinger angezogen, Drehpunkt ist Toris Handgelenk.

Mehr Kraft kann übertragen werden, wenn die eigenen Handgelenke steif gehalten und sodann die Ellbogen gestreckt werden. Dadurch wird ebenfalls ein Kreisbogen erzeugt, der den Hebel anzieht:

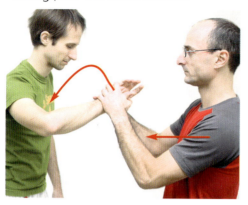

Eine andere Möglichkeit besteht darin, dass Tori die Hand Ukes an seinem Brustbein fixiert und sich sodann aus der Hüfte vorbeugt:

Uke kann durch den Hebel zu Boden gebracht und dort damit fixiert werden. Sobald sich jedoch Uke zumindest in Knie-Schritt-Stellung befindet, braucht er bloß den Ellbogen zu strecken, um durch darauf folgende Körperrotation dem Hebel zu entgehen:

Uke streckt

Uke kann sich eindrehen, wodurch Tori die Kontrolle verliert.

Die Streckung lässt sich jedoch dadurch verhindern, dass Tori sich mit ein, zwei Fingern in die Ellbogenbeuge Ukes einhängt. Da dann die gebeugte Hand Ukes nur noch mit einer Hand kontrolliert wird, legt Tori die Hand an seinen Rumpf (an eine der beiden Schultern oder aufs Brustbein):

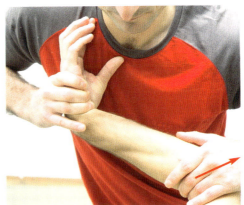

Bereits durch leichtes Vorbeugen wird so viel Kraft übertragen, dass die Chance einer erfolgreichen Durchführung des Hebels sehr hoch ist und Uke am Boden fixiert werden kann:

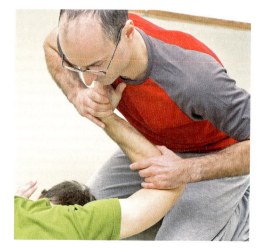

Zusätzlich kann zur Verstärkung der Ellbogen leicht nach unten gedrückt werden (zur Verdeutlichung nur mit einem Finger dargestellt), sodass sich eine Art »Auswringbewegung« ergibt:

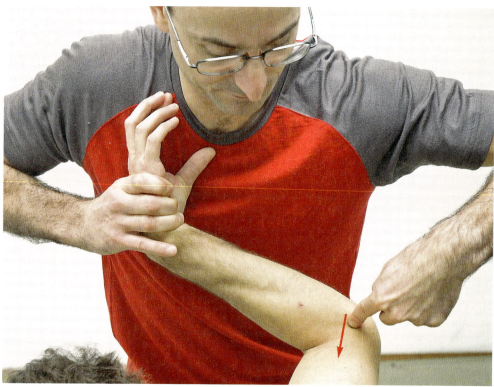

Beispiele für statische Ausführung:

Uke hält Tori am **Oberarm** und holt zu einem Schlag aus. Tori setzt ein kurzes Atemi gegen Ukes Gesicht und schwingt dann den gehaltenen Arm hoch. Toris linke Hand fixiert die haltende Hand und umfasst zusätzlich den Daumen (Daumenhebel!). Durch Senken des Arms wird der Hebel angezogen:

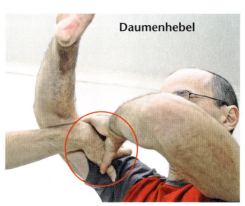

Zur Verbesserung des Timings und der Griffsicherheit (aber nicht als ultimative Selbstverteidigungstechnik) kann der Hebel auch **aus der Bewegung** trainiert werden.

Uke kommt auf Tori zu, als würde er dessen Revers fassen wollen. Tori geht nach innen aus der Angriffslinie und nimmt Kontakt mit Ukes Handgelenkinnenseite auf:

Tori nimmt Uke mit einer Schrittdrehung in seine Drehung mit (Drehpunkt ist sein rechter Fuß), mit einer zweiten Schrittdrehung (Drehpunkt ist jetzt sein linker Fuß) hebt er Ukes Arm und bringt die Hand in die Innenrotation:

Dieser Hebel lässt sich auch gut einsetzen, wenn Handhebel 2 nicht wie erhofft funktioniert: Auf die Streckung folgt die Beugung des Ellbogens (im Idealfall ein rechter Winkel):

Handhebel 5

Wirkungsweise: Beugung (*Flexion*)

Basismäßige Ausführung:
Tori sollte nicht direkt am Handgelenk zufassen, sondern locker den Unterarm fassen und an diesem in Richtung des Handgelenks rutschen. So bleibt er automatisch am schmalsten Bereich (= Handgelenk) hängen:

Da der Arm des Uke gebeugt sein muss, hängt sich Tori mit seinen Fingern von unten in die Ellbogenbeuge und führt sie in seine Achsel und fixiert den Ellbogen dort. Durch den Kontakt sowohl am Handgelenk als auch am Ellbogen hat er eine gute Kontrolle über den Arm:

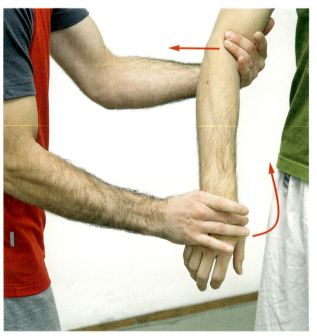 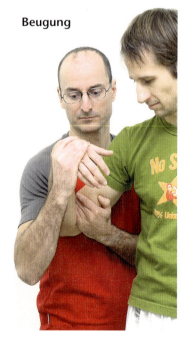

Beugung

Zur Erhöhung der Griffsicherheit liegt der Daumen der hebelnden Hand im Handgelenk Ukes (ohne dieses zu blockieren). Tori sollte darauf achten, den maximalen Hebelarm des Handrückens zu nutzen:

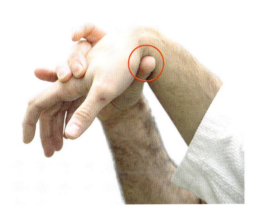 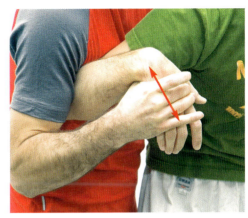

Der Ellbogen muss gut in der Achsel Toris fixiert sein. Zur noch besseren Kontrolle blockiert Tori den Uke entweder an dessen freiem Arm (das elegante Abspreizen der Finger ist allerdings nicht zwingend erforderlich),

am Gewand (mit Würgeeffekt)

oder unterhalb des Kiefers bzw. an den Haaren.

Falls sein Schmerzempfinden nicht herabgesetzt ist, lässt sich Uke damit gut transportieren.

Soll Uke zu Boden gebracht werden, fasst Tori seinen eigenen Unterarm und stellt den Unterarm Ukes senkrecht, die Hebelrichtung geht somit in Richtung Boden. Kurz über dem Boden wird er in Rückenlage gebracht und wie nachstehend beschrieben fixiert, dabei hängt er gleichsam mit seinem eigenen Gewicht im Hebel. Wichtig ist dabei die gute Fixierung von Ukes Kopf am Boden:

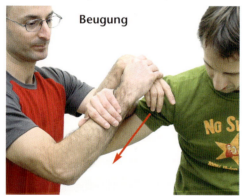

Beugung

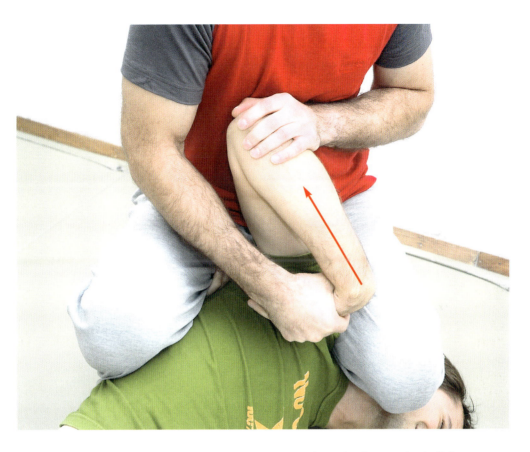

Das Fassen des eigenen Unterarms ist allerdings nicht unbedingt erforderlich:

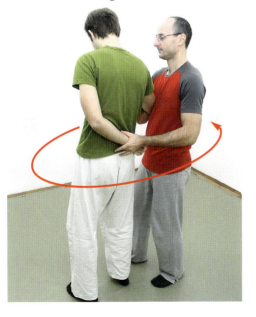

Als letzte Technik der **Kombination an Ukes Außenseite**:
Kontaktaufnahme, Tritt ans Schienbein:

Faustschlag zu Ukes Rippen, Einhängen in die Ellbogenbeuge, Beugung des Arms:

Zur Verbesserung der Griffsicherheit lässt sich dieser Hebel auch abwechselnd zwischen den Partnern als Abschluss des »**Drill 1**« üben:

1. Kontakt

2. Kontakt

Hebelansatz

Gegenangriff:

Lösen

Handhebel 6 – Tekubi waki gatame (Handgelenk-Achsel-Festhalten)

<u>Wirkungsweise:</u> Beugung (*Flexion*) + im Griffansatz Innenrotation des Arms (*Pronation*)

Basismäßige Ausführung:
Diese Technik setzt – zumindest in der klassischen Ausführung – ein festes Gewand voraus. Uke sollte zwischen Knie und Ellbogen Toris fixiert werden. Tori sollte darauf achten, den maximalen Hebelarm des Handrückens zu nutzen.
Tori fasst diagonal das Handgelenk Ukes, es folgt die Innenrotation des Arms:

Tori fasst Ukes Jacke an der Schulter, macht einen Schritt vorwärts und bringt Uke in Vorlage:

Ukes Kopf wird zwischen Unterarm und Knie Toris fixiert. Toris beide Hände drücken in Richtung des Ellbogens Ukes:

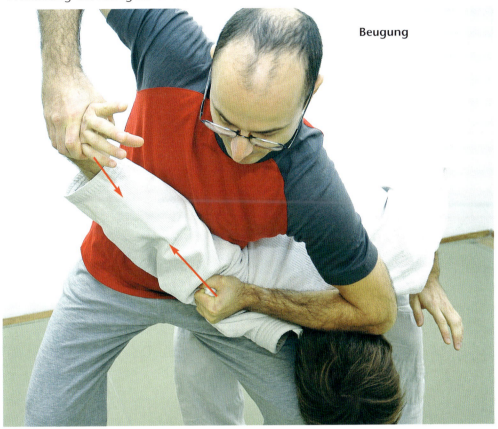

Beugung

Sollte der Handhebel nicht zum gewünschten Erfolg führen, ist problemlos ein Wechsel zu einem gestreckten Ellbogenhebel möglich. Beugt Uke den Arm, ist der sofortige Wechsel in den Handhebel 3 möglich, indem sich Tori wieder in die Ellbogenbeuge einhängt. Ukes Hand wird an Toris Rumpf fixiert:

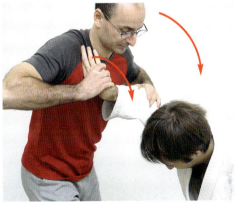

Auch der Übergang in Handhebel 7 ist möglich. Tori lässt den Ärmel los und umschlingt Ukes Oberarm. Er beugt Ukes Arm im Ellbogengelenk und kann dadurch dessen kleinen Finger sowie Ringfinger fassen. Die rechte Hand bewirkt weiterhin die Beugung. Als Widerlager dient Toris linker Arm:

Handhebel 7

<u>Wirkungsweise:</u> Beugung (*Flexion*) + im Griffansatz Innenrotation des Unterarms (*Pronation*)

Basismäßige Ausführung:
Es kann diagonal derart zugefasst werden, dass während der gesamten Technikausführung kein einziger Griffwechsel notwendig ist. Tori fasst leicht oberhalb des Handgelenks, rutscht nach unten und bleibt automatisch im Handgelenk als dem schmalsten Teil hängen:

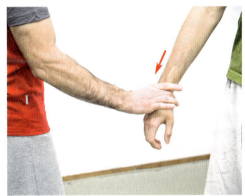

Um die notwendige Beugung im Arm herbeizuführen, ist folgende Vorgehensweise möglich: Beim ersten Griffansatz zieht Tori am Arm des Uke ruckartig nach unten. Dadurch erzeugt er eine unwillkürliche Gegenreaktion (Ansatz zur Beugung), die nun genutzt werden kann. Man kann sich den Bewegungsablauf wie den Auf- und Abprall eines Gummiballes am Boden vorstellen:

Ruck

Gegenreaktion

Die Kontrolle des Arms erfolgt wiederum durch Kontakt sowohl am Handgelenk als auch am Ellbogengelenk. Der Schub am Ellbogengelenk muss gegen den Kopf des Uke gerichtet sein, nur so wird eine Gleichgewichtsbrechung über die Körperlängsachse erzwungen. Unterstützt wird die Gleichgewichtsbrechung auch noch durch den bereits wirksamen Handhebel. Tori macht mit dem linken Bein einen Schritt an Uke vorbei:

Der linke Arm umschlingt schulternah den Oberarm des Uke, die linke Hand fasst zumindest zwei Finger von Ukes Hand (damit dies gelingt, muss Ukes Arm gebeugt sein). Die rechte Hand hält unverändert am Handrücken von Ukes Hand und erzeugt die Beugung.

Von entscheidender Bedeutung ist das feste Widerlager in der Achsel, dieses darf nicht nachgeben, da sonst der hebelnde Schub ins Leere geht. Falls sein Schmerzempfinden nicht reduziert ist, lässt sich Uke damit gut transportieren:

Zur Verdeutlichung: Toris rechte Hand beugt/schiebt, seine linke Hand zieht an den Fingern. Widerlager ist der linke Oberarm:

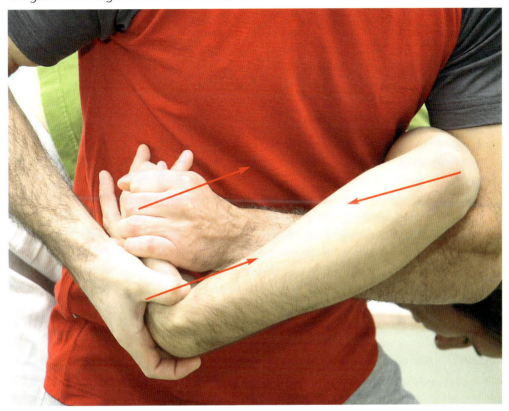

Alternative Fassart: Tori fasst diagonal Ukes Handrücken (Daumen auf Daumengrundgelenk):

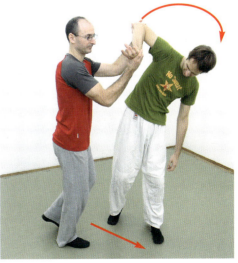

Alternative zum Schub gegen den Ellbogen:

Faustschlag gegen Ukes Kiefer:

Fortsetzung wie gehabt.

Der Abwurf erfolgt in jedem Fall nach hinten durch eine Wendung zu Uke unter ständiger Hebelwirkung im Handgelenk (Drehpunkt ist Toris rechter Fuß). Auch darf sich Uke nicht aufrichten, was durch Druck gegen seinen Oberarm nach unten erreicht wird:

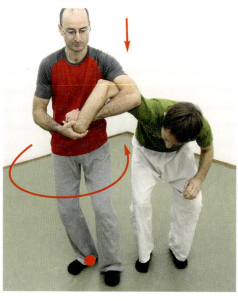

Die Fixierung erfolgt in Seitlage, wodurch Uke in seinen Möglichkeiten sowohl zum Treten als auch zum Schlagen eingeschränkt ist. Uke »hängt« gleichsam im Hebel. Wichtig ist dabei die ausreichende Fixierung seines Kopfes:

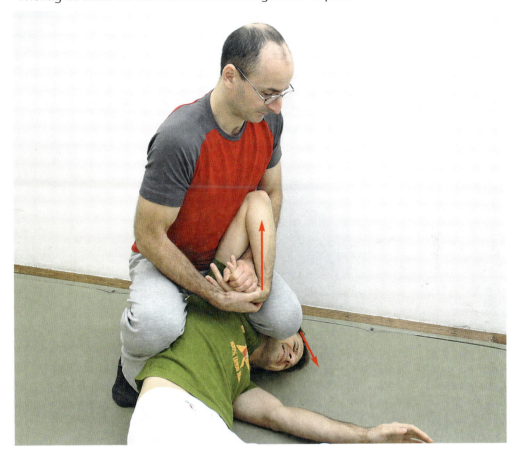

Als letzte Technik der **Kombination an Ukes Außenseite**: Kontaktaufnahme, Tritt, Faustschlag:

Schub an Ukes Ellbogen in Richtung Kopf, Arm umschlingen, Fixierung:

Zur Verbesserung der Griffsicherheit lässt sich dieser Hebel (zumindest im Ansatz) auch abwechselnd zwischen den Partnern als Abschluss des »**Drill 1**« üben:

1. Kontakt

2. Kontakt

Hebelansatz

Lösen

Handhebel 8

Wirkungsweise: Beugung (*Flexion*)

Basismäßige Ausführung:
Bedingt durch seine Ansatzweise sind die Einsatzmöglichkeiten dieser Hebeltechnik bei basismäßiger Ausführung sehr beschränkt. Wichtig ist die aktive Ellbogenkontrolle mit anschließender Fixierung in der Achsel sowie die Gleichgewichtsbrechung nach unten, um die Möglichkeiten der Gegenwehr zu beschränken.

Tori steht parallel neben Uke. Die linke Hand fasst Ukes Hand, die rechte Hand bewirkt die Beugung im Ellbogengelenk:

Gleichgewichtsbrechung nach vorne: Falls sein Schmerzempfinden nicht reduziert ist, lässt sich Uke damit gut transportieren.

Als letzte Technik der **Kombination an Ukes Außenseite.**
Wichtig ist dabei das Hochschrauben des Unterarms:
Kontaktaufnahme, Tritt an Ukes Schienbein, Faustschlag zu seinen Rippen:

Tori schraubt Ukes Unterarm nach oben und innen, sodass seine linke Hand Ukes Hand umfassen kann:

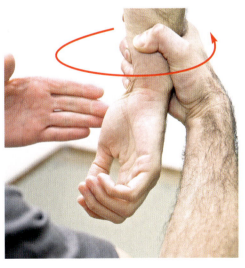

Toris Daumen liegt in der Handgelenkbeuge, die andere Hand lässt los und holt den Ellbogen in die Achsel Toris:

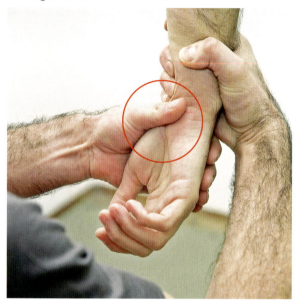
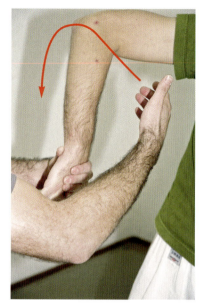
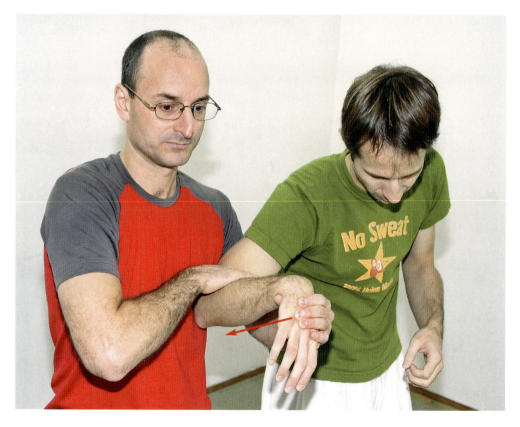

Hand- und Armhebel　　　　　　　　　　　　　　　　　　　　　　　　Handhebel 8

Zur Verbesserung der Griffsicherheit lässt sich dieser Hebel auch abwechselnd zwischen den Partnern als Abschluss des »**Drill 1**« üben:

1. Kontakt

2. Kontakt

Hebelansatz

Gegenangriff

Handhebel 9

<u>Wirkungsweise:</u> Beugung (*Flexion*)

<u>Basismäßige Ausführung:</u>
Tori fasst diagonal das Handgelenk Ukes, die andere Hand hängt sich von unten in die Ellbogenbeuge und bewirkt die Beugung. Nun wird der Arm des Uke hinter dessen Rücken geführt:

 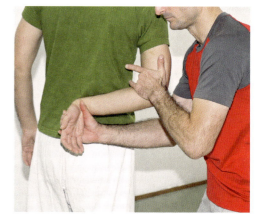

Der Kopf Toris befindet sich hinter Ukes Rücken. Damit befindet sich Tori in einer sehr sicheren Position. Der Ellbogen Ukes muss gut in der Achsel Toris fixiert werden, um als Widerlager dienen zu können. Falls sein Schmerzempfinden nicht reduziert ist, lässt sich Uke damit gut transportieren.

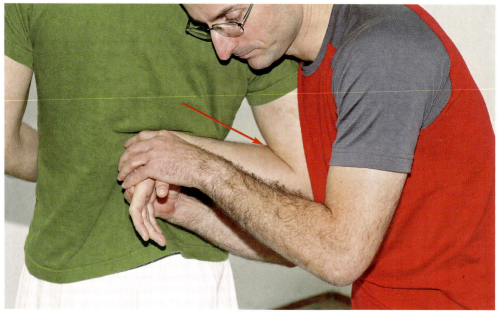

Als letzte Technik der **Kombination an Ukes Außenseite** (in der Endposition stehen Uke und Tori zur Verdeutlichung um 180 Grad verdreht):
Kontaktaufnahme, Tritt an Ukes Schienbein, Faustschlag zu seinen Rippen:

Die Schlaghand hängt sich von unten in Ukes Ellbogenbeuge, der Arm wird hinter Ukes Rücken geführt. Das letzte Foto ist zur besseren Darstellung um 180 Grad gedreht:

 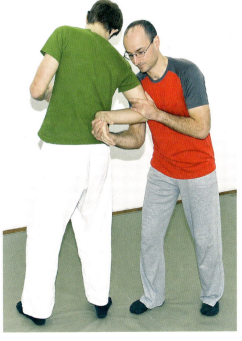

Zur Verbesserung der Griffsicherheit lässt sich dieser Hebel auch abwechselnd zwischen den Partnern als Abschluss des »**Drill 1**« üben:

1./2. Kontakt

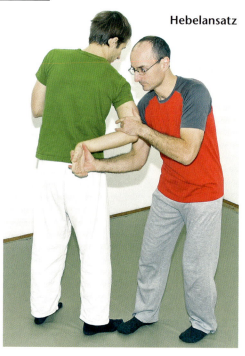

Hebelansatz

Gegenangriff

Handhebel 11 – Ude nobashi (Arm-Streckgriff)

<u>Wirkungsweise:</u> Beugung (*Flexion*), hinzu kommt oft noch ein Schulterhebel.

Denkbar ist als Ausgangslage Tori im Reitsitz auf Uke. Tori bekommt das Handgelenk zu fassen und will einen Schulterhebel ansetzen. Dies misslingt, daher wechselt Tori zum Handhebel:

Ukes Ellbogen wird mit Hand und Kopf fixiert.

Handhebel 12

<u>Wirkungsweise:</u> Beugung (*Flexion*)

Dieser Hebel ist nur aus dem Handgeben möglich, die Eingangsmöglichkeiten dadurch limitiert. Tori dreht sich um 90 Grad und legt die Hand waagerecht mit dem Handrücken auf seine Bauchdecke und zwar so, dass die Fingergrundgelenke auf Höhe des Bauchnabels liegen. Nur so kann später im Handgelenk ein spitzer Winkel erzeugt werden, sodass die Hand nicht abrutscht:

 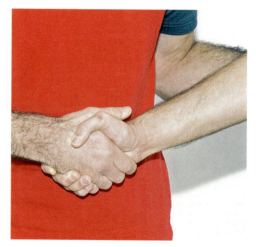

Zur besseren Kontrolle der Beugung des Handgelenks platziert Tori seine Finger auf Ukes Handgelenkinnenseite und schafft sich so ein Widerlager. Außerdem fasst er den Daumen und hat so einen längeren Hebel, um die Beugung zu verstärken. Tori dreht sich wieder zurück und zieht durch Anspannen der Bauchmuskulatur und Gegendruck am Ellbogen den Hebel an:

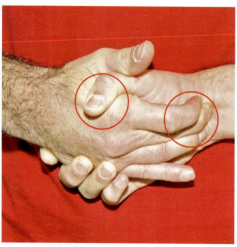 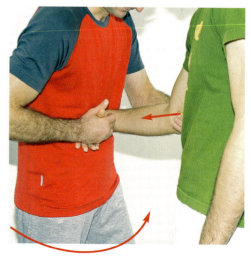

Hand- und Armhebel — Handhebel 12

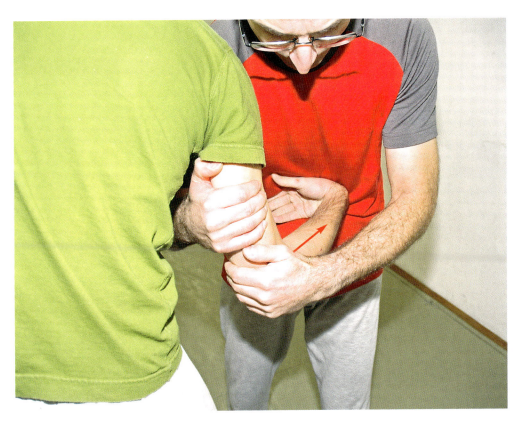

Möglich ist ein kurzzeitiger Transport oder auch der Abwurf mittels eines Beinwurfs:

Handhebel 14

<u>Wirkungsweise:</u> Streckung (*Extension*) + Streckung in den Fingergrundgelenken + Außenrotation des gestreckten Arms (*Supination*)

Es wird wieder deutlich, dass die Extension im Handgelenk nur in Verbindung mit der Überstreckung der Fingergrundgelenke zum Erfolg führt. Die Eingangsmöglichkeiten sind durch die Griffhaltung (Handfläche auf Handfläche) limitiert.

Basismäßige Ausführung:
Der Arm Ukes muss gestreckt sein. Das erreicht man durch eine schnelle Schocktechnik zu seinem Gesicht. Außerdem verringert sich so die Gefahr eines Faustschlages mit Ukes freier Hand:

Wenn der Arm umschlungen ist, darf die eigene Schulter nicht hochgezogen, sondern muss im Gegenteil nach <u>unten und hinten</u> gedrückt werden, damit Uke in Rückenlage gebracht wird. Zur Verstärkung dieses Effektes wird zusätzlich sein Arm angehoben. Der Arm muss nach außen rotiert werden (*Supination*). Auf diese Art ist ein kurzzeitiger Transport möglich.

Hand- und Armhebel — Handhebel 14

Unter Umständen (wenn Uke kräftig ist) ist es nötig, die Finger am äußersten Ende zu fassen:

Die Technik stößt aber bei zu großen Kraft- und Größenunterschieden an ihre Grenzen:

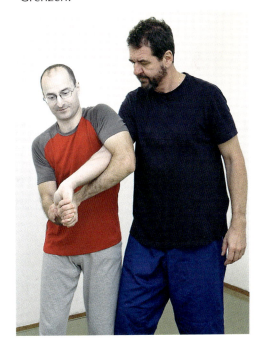

Hand- und Armhebel — Handhebel 14

Variante: Wichtig ist beim Technikansatz der <u>Zug am Arm</u>. Nun liegt als Unterstützung die Handspanne Toris im gestreckten Handgelenk:

Toris rechte Hand (welche die Finger umfasst), vollführt eine ziehend-überstreckende Bewegung <u>nach unten-hinten</u>, die linke Hand eine ziehend-überstreckende Bewegung nach <u>vorne-oben</u>:

Zur besseren Kontrolle kann der gestreckte Ellbogen mit dem eigenen Oberarm unterlegt werden. Der Arm muss auch hier nach außen rotiert werden (*Supination*):

Handhebel 15 – Jun te dori

<u>Wirkungsweise:</u> Streckung (*Extension*) + Innenrotation des gebeugten Arms (*Pronation*)
Die Eingangsmöglichkeiten sind durch die Griffhaltung (Handgeben, Handfläche auf Handfläche) limitiert.

<u>**Basismäßige Ausführung:**</u>
Tori fasst mit der linken Hand Ukes Handgelenk und schafft sich ein »Tor«, durch welches er hindurch schlüpfen kann; eventuell zieht Uke ihn sogar zu sich:

Die Hebelwirkung ergibt sich durch die Rotationsbewegung. Je näher am eigenen Körper gearbeitet wird, desto besser ist die Kraftübertragung für die Rotationsbewegung. Optimal funktioniert dies, wenn der Arm Ukes am Oberkörper Toris anliegt. In seinem Bestreben, dem Schmerz auszuweichen, läuft Uke ständig rückwärts. Für eine längere Fixierung ist daher eine Wand o. ä. notwendig:

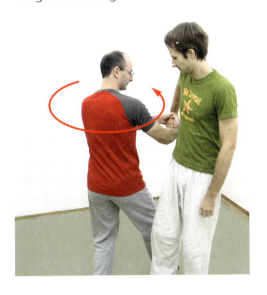

Der Unterarm Ukes wird ständig senkrecht gehalten:

Toris Kopf kann sich auch hinter Ukes Ellbogen befinden und ist damit vor Schlägen besser geschützt.

Als letzte Technik der **Kombination an Ukes Außenseite**:
Kontaktaufnahme, Tritt an Ukes Schienbein, Schlag zu seinen Rippen:

Durch die andere Fassart ist ein direkter Eingang (ohne Durchtauchen) möglich, indem der rechte Arm nach innen rotiert und gleichzeitig nach oben geschoben wird. Die linke Hand (Schlaghand) fasst ebenfalls zu:

Tori fixiert den rotierten Unterarm an seiner Schulter und legt seinen Kopf hinter Ukes Ellbogen:

Zur Verbesserung der Griffsicherheit lässt sich dieser Hebel auch abwechselnd zwischen den Partnern als Abschluss des »**Drill 1**« üben:

1./2. Kontakt

Hebelansatz

Gegenangriff

Handhebel 16

<u>Wirkungsweise:</u> Streckung (*Extension*) + Streckung in den Fingergrundgelenken

Ukes Unterarm steht senkrecht, sein Ellbogen zeigt nach oben. Die einzig sinnvolle Anwendung ergibt sich daraus, dass Uke dem Tori in einer klassischen »Kampfhaltung« gegenüber steht. Tori greift Ukes Finger weit vorne (wie beim »Armdrücken«), überstreckt sowohl Fingergrundgelenke als auch das Handgelenk und rotiert dieses nach innen (*Pronation*):

Die andere Hand blockiert Ukes Ellbogengelenk. Uke sollte auf den Zehenspitzen stehen. Falls sein Schmerzempfinden nicht reduziert ist, lässt sich Uke damit transportieren.

 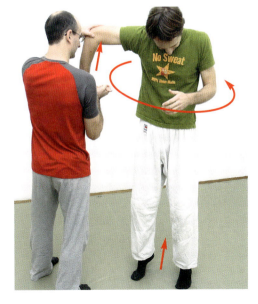

Hand- und Armhebel — Handhebel 16

Durch Rotation des gesamten Arms um 180 Grad kann Uke auch zu Boden gebracht und dort fixiert werden.

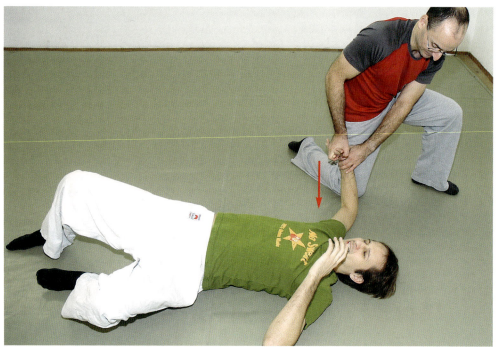

Handhebel 17

<u>Wirkungsweise:</u> Beugung (*Flexion*)

Basismäßige Ausführung:

Bedingt durch seine Ansatzweise sind die Einsatzmöglichkeiten dieser Hebeltechnik bei basismäßiger Ausführung sehr beschränkt.

Tori steht neben Uke und fasst mit seiner linken Hand dessen rechte Hand (Daumen in der Gelenkbeuge), Toris rechte Hand hängt sich kurz in Ukes Ellbogenbeuge, um den Arm in eine Beugestellung zu bekommen. Ukes linke Hand wird unter seine Achsel gebracht:

 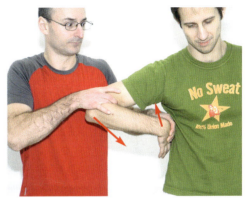

Tori hält nun Ukes Handgelenk an dessen Rumpfseite fixiert. Ukes Finger sollten schräg nach unten zeigen. Der Hebel wird damit zum einen durch die die Hand fassende Hand Toris angezogen, zum anderen durch das Abwärtsdrücken an dessen Ellbogen:

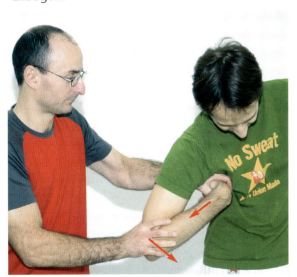 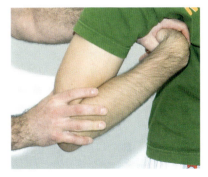

Als letzte Technik der **Kombination an Ukes Außenseite:** Kontaktaufnahme am vorderen Arm, Tritt an Ukes Schienbein, Faustschlag zu seinen Rippen:

Tori schraubt Ukes Unterarm nach oben und innen, sodass seine linke Hand Ukes Hand umfassen kann.

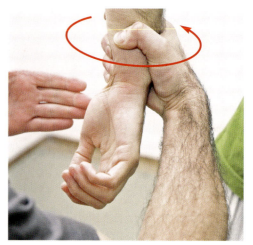

Hand- und Armhebel — Handhebel 17

Toris Daumen liegt in der Handgelenkbeuge von Ukes rechter Hand. Diese Hand wird in Ukes Achsel fixiert. Ukes rechter Ellbogen wird nach unten gedrückt:

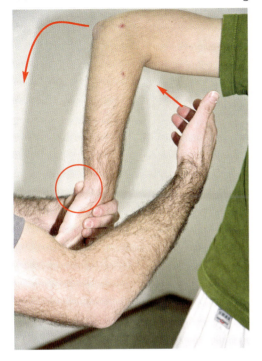

Bei richtiger Ausführung steht Uke auf den Zehenspitzen und der Rumpf ist seitlich geneigt.

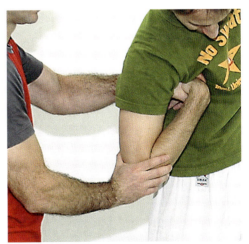

Nunmehr hält Tori Ukes Hand und Ellbogen durch einen alternativen Eingang mit der jeweils anderen Hand, das Prinzip bleibt dasselbe.
Kontaktaufnahme, Tritt an Ukes Schienbein, Faustschlag zu Ukes Rippen:

Wie zu sehen ist, erfolgt hier kein Handwechsel, vielmehr behält Toris rechte Hand ihren Griff bei:

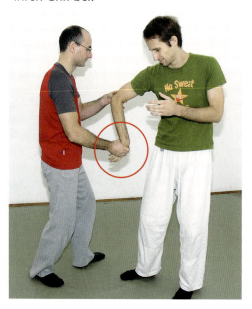

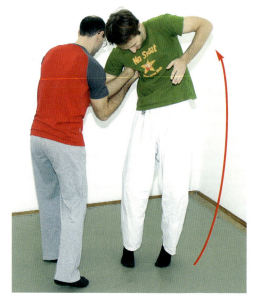

Zur Verbesserung der Griffsicherheit lässt sich dieser Hebel auch abwechselnd zwischen den Partnern als Abschluss des »**Drill 1**« üben:

Nach dem Erst- und Zweitkontakt fasst Toris rechte Hand Ukes Handgelenk, seine linke Hand fasst von unten in Ukes Ellbogenbeuge:

Handhebel 18

Wirkungsweise: Beugung (*Flexion*)

Basismäßige Ausführung:
Tori fasst Ukes Hand wie für Handhebel 1/Kote gaeshi, d. h. er fasst spiegelgleich Ukes Hand (Daumen auf dem Kleinfingergrundgelenk, die übrigen Finger in Ukes Handgelenkbeuge), macht einen Schritt an Uke vorbei und rotiert Ukes Arm nach außen:

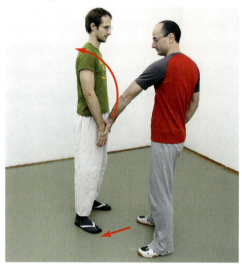 

Tori greift unter Ukes Arm durchfassend dessen Hand (Daumen in der Gelenkbeuge). Der Ellbogen wird in der Achselhöhle fixiert und Uke in Rückenlage gebracht. Die Technik eignet sich gut zum Transport:

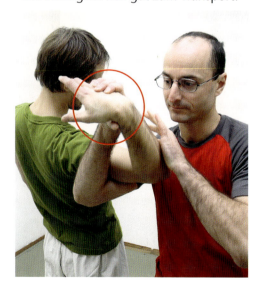 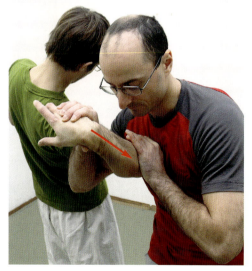

Hand- und Armhebel — Handhebel 18

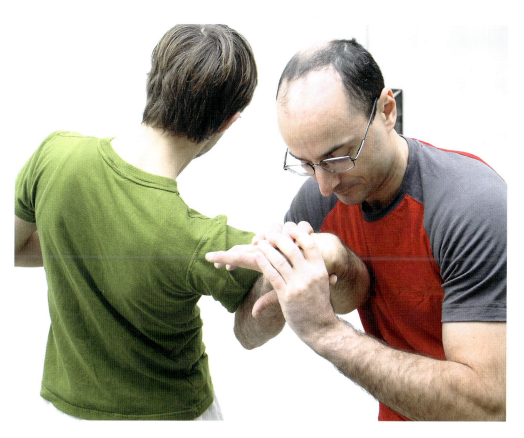

Ausführung aus der **Bewegung**:

Uke kommt auf Tori zu, als würde er ihn am Revers fassen wollen:

Tori steigt aus der Angriffslinie und fixiert Ukes Arm unter seinem eigenen Arm (nahe an Ukes Schulter, da sonst die Fliehkräfte zu stark werden), Drehpunkt ist Toris linker Fuß; Uke wird in eine Kreisbahn gezwungen:

Tori dreht sich in die Gegenrichtung (der Drehpunkt wechselt zum rechten Fuß), rotiert Ukes Arm nach außen, greift unter dem Arm durch und setzt den Handhebel an:

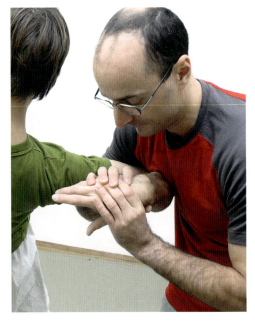

Hand- und Armhebel — Handhebel 18

<u>Als letzte Technik der **Kombination an Ukes Außenseite**</u>: Kontaktaufnahme, Tritt an Ukes Schienbein, Zufassen am Unterarm:

Faustschlag zu Ukes Rippen, die Schlaghand greift zu Ukes rechter Hand:

Beim Zufassen liegt Toris linker Daumen in Ukes Handgelenkbeuge, seine Finger auf Ukes Handrücken. Toris rechte Hand lässt los, Ukes Arm wird nach hinten und außen rotiert:

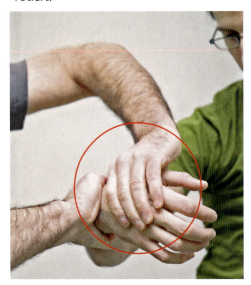

Zur besseren Darstellung haben sich Uke und Tori um 180 Grad gedreht. Tori fasst unter Ukes Arm hindurch Ukes Hand und setzt den Hebel an.

Alternative Fassart: Nun liegt Toris linker Daumen auf Ukes Kleinfingergrundgelenk:

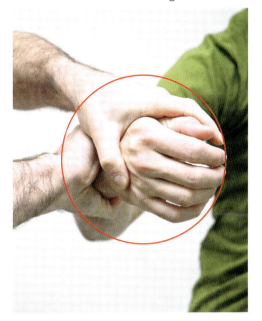

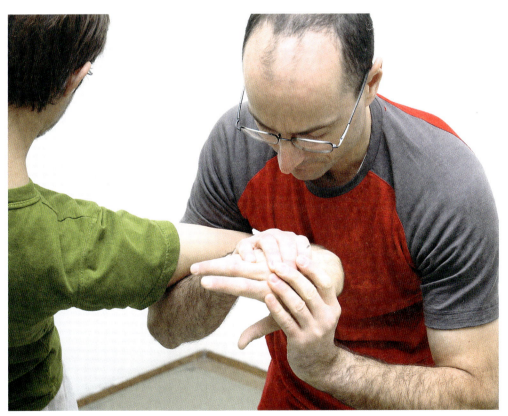

Zur Verbesserung der Griffsicherheit lässt sich dieser Hebel auch abwechselnd zwischen den Partnern als Abschluss des »**Drill 1**« üben:

1. Kontakt

Hebelansatz

Handhebel 19

<u>Wirkungsweise:</u> Beugung (*Flexion*)

Basismäßige Ausführung:
Tori umfasst locker mit Daumen und Mittelfinger Ukes Unterarm und rutscht in Richtung des Handgelenks. Weil dieses den schmalsten Teil des Unterarms darstellt, bleibt er dort automatisch hängen.

Um die notwendige Beugung im Arm herbeizuführen, ist folgende Vorgangsweise möglich: Beim ersten Griffansatz ruckt Tori am Arm des Uke nach unten. Dadurch erzeugt er eine unwillkürliche Gegenreaktion (Ansatz zur Beugung), die nun genutzt werden kann. Man kann sich den Bewegungsablauf wie den Auf- und Abprall eines Gummiballes am Boden vorstellen:

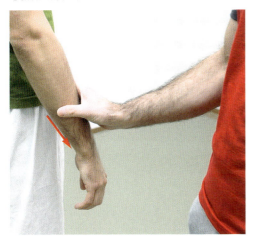 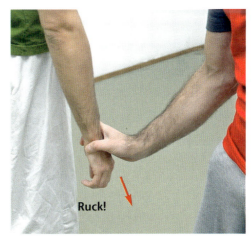

Toris Handballen liegt nun auf Ukes Handrücken. Es kann bereits jetzt Hebelwirkung erzielt werden, wobei jedoch Ukes Ellbogen fixiert werden muss. Der Unterarm wird senkrecht gestellt und durch den Hebel Uke zu Boden gebracht, wo er fixiert werden kann:

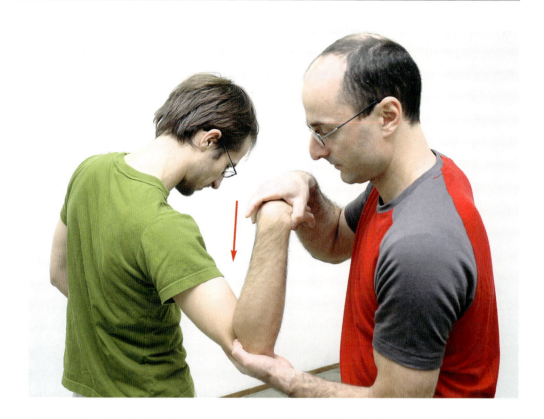

Hand- und Armhebel   Handhebel 19

<u>Als letzte Technik der **Kombi-
nation an Ukes Außenseite**</u>:
Kontaktaufnahme, Tritt.

Faustschlag zu Ukes Rippen, Hebelansatz:

Zur Verbesserung der Griffsicherheit lässt sich dieser Hebel auch abwechselnd zwischen den Partnern als Abschluss des »**Drill 1**« üben:

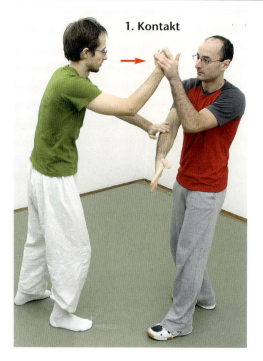
1. Kontakt

2./3. Kontakt

Hebelansatz

Handhebel 20 – Gyaku kote hineri (Umgekehrt-Unterarm-Verdrehen)

<u>Wirkungsweise:</u> Außenrotation (*Supination*)

<u>**Basismäßige Ausführung:**</u>

Tori beginnt wie bei Handhebel 1/kote gaeshi, d. h. er fasst spiegelgleich Ukes Hand, wobei sein Daumen auf Ukes Kleinfingergrundgelenk liegt. Dann jedoch fasst Tori diagonale Hand Ukes Daumenballen, Toris linke Hand greift von oben auf Ukes Hand:

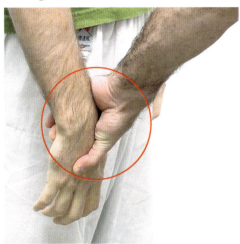

Außenrotation

Hand- und Armhebel   Handhebel 20 – Gyaku kote hineri

Das Entscheidende ist nun, genügend Zug am Arm aufzubauen, sodass Ukes Arm nahezu gestreckt wird. Dies aus folgendem Grund: Je näher sich die Hand am Körperzentrum Ukes befindet, desto stärker kann dieser Widerstand leisten. Eine angegriffene Hand heranzuziehen, ist eine natürliche Reaktion. Der Zug muss daher rasch und kräftig erfolgen. Dies erreicht man dadurch, dass die Hand **unter Rotation** vor dem eigenen Körperschwerpunkt gehalten wird und Tori – wie beim Seilziehen – ein paar schnelle Ausfallschritte (Tsugi ashi) rückwärts macht:

Beispiel für statische Ausführung:

Uke hält Tori spiegelgleich am Handgelenk. Eine Gefahr stellt die linke Hand Ukes dar, daher entfernt sich Tori mit einem kurzen Schritt nach links aus diesem Gefahrenbereich. Tori stellt seinen Unterarm senkrecht und erfasst Ukes Daumenballen:

Handhebel 20 – Gyaku kote hineri

<u>Wichtig:</u> Zur Befreiung des Handgelenks wird der Ellbogen in Richtung Ukes geschoben:

Hand- und Armhebel　　　　　　　　　　　　　　Handhebel 20 – Gyaku kote hineri

Zur Verbesserung der Griffsicherheit lässt sich dieser Hebel auch abwechselnd zwischen den Partnern als Abschluss des »**Drill 1**« üben:

1. Kontakt

2. Kontakt

Hebelansatz

Hand- und Armhebel — Handhebel 20 – Gyaku kote hineri

Zur Verbesserung der Griffsicherheit lässt sich dieser Hebel auch abwechselnd zwischen den Partnern als Abschluss des »**Drill 2**« üben:
Angriff Ukes rechts, Kontaktaufnahme, Schlag zu Ukes Gesicht:

1./2. Kontakt

Schlag

Hand- und Armhebel — Handhebel 20 – Gyaku kote hineri

Hebelansatz

Lösen, Angriff Ukes links, Kontaktaufnahme, usw.

Als letzte Technik der **Kombination an Ukes Außenseite**: Tritt an Ukes Schienbein, Faustschlag zu seinen Rippen:

Hand- und Armhebel — Handhebel 20 – Gyaku kote hineri

Zur besseren Darstellung sind die nachfolgenden Bilder um 180 Grad gedreht:
Hebelansatz:

Zug + Außenrotation:

Handhebel 21

<u>Wirkungsweise:</u> Streckung (*Extension*) + Innenrotation des gebeugten Arms (*Pronation*)

Basismäßige Ausführung:

Dieser Hebel ist nur aus dem Handgeben möglich, die Einsatzmöglichkeiten sind also beschränkt.

Im Unterschied zu Handhebel 22 hebelt Tori die <u>diagonale/gleichnamige</u> Hand, das Hebelprinzip ist aber dasselbe:

Ein Problem ergibt sich möglicherweise dadurch, dass Tori dem Uke beim Eingang kurzzeitig den Rücken zukehrt:

Zur optimalen Kontrolle ist es notwendig, dass zum einen der Ellbogen durch Druck nach unten blockiert wird, zum anderen, dass Tori in der Endposition Ukes Hand nicht Handfläche auf Handfläche hält, sondern an der Hand nach vorne rutscht, sodass der Hebel auch über die Überstreckung des kleinen Fingers wirkt. Sonst würde derjenige mit dem kräftigeren Griff gewinnen. Dabei wird wieder deutlich, dass die Extension im Handgelenk nur in Verbindung mit der Überstreckung der Fingergrundgelenke zum Erfolg führt.

Im Unterschied zu Handhebel 15 steht in der Endposition der Unterarm waagerecht.

Uke kann zu Boden gebracht und dort sicher kontrolliert werden:

Hebelwirkung über Ukes kleinen Finger:

Innenrotation

Handhebel 22 – Kote hineri (Unterarm-Verdrehen)

<u>Wirkungsweise:</u> Streckung (*Extension*) + Innenrotation des gebeugten Arms (*Pronation*)

<u>Basismäßige Ausführung:</u>
<u>Basismäßig ist der Beginn derselbe wie der des Handhebel 21 (siehe Seite 110), bei diesem Eingang ist der Hebel also nur eingeschränkt einsetzbar.</u> In der Endposition erfolgt ein Handwechsel, das Hebelprinzip ist aber dasselbe.

Handwechsel:

Wichtig: die Rotation

Zur optimalen Kontrolle ist es notwendig, dass zum einen der Ellbogen durch Druck nach unten blockiert wird, zum anderen, dass Tori in der Endposition Ukes Hand nicht Handfläche auf Handfläche hält, sondern an der Hand nach vorne rutscht, sodass der Hebel auch über die Überstreckung des kleinen Fingers wirkt. Dabei wird wieder deutlich, dass die Extension im Handgelenk nur in Verbindung mit der Überstreckung der Fingergrundgelenke zum Erfolg führt.

Die Technik ist als **Transportgriff** geeignet, Uke kann aber auch zu Boden gebracht und dort sicher kontrolliert werden:

Als letzte Technik der **Kombination an Ukes Außenseite**:
Tritt an Ukes Schienbein, Faustschlag zu seinen Rippen:

Hand- und Armhebel — Handhebel 22 – Kote hineri

Tori schraubt Ukes Unterarm nach oben und innen, sodass seine linke Hand Ukes Hand kleinfingerseitig umfassen kann:

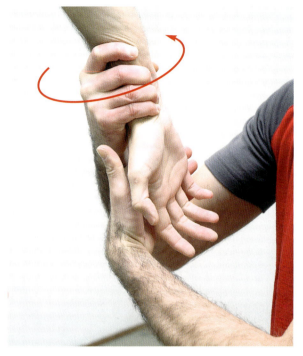

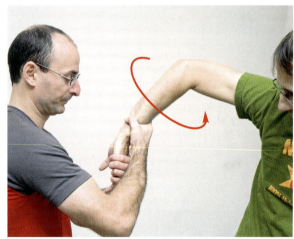

Ukes Ellbogen wird nach unten gedrückt, Tori dreht sich parallel neben Uke:

Zur Verbesserung der Griffsicherheit lässt sich dieser Hebel auch abwechselnd zwischen den Partnern als Abschluss des »**Drill 1**« üben:

Tori schraubt Ukes Unterarm nach oben und innen, sodass Toris linke Hand Ukes Hand kleinfingerseitig umfassen kann:

Ukes Ellbogen wird nach unten gedrückt, Tori dreht sich parallel neben Uke:

Als »schönen« Abschluss (z. B. bei Prüfungen) kann Uke unter ständiger Hebelwirkung auch in eine Rolle geschickt werden:

Hand- und Armhebel — Handhebel 22 – Kote hineri

Handhebel 24 – Kote mawashi (Unterarm-Halbkreis)

<u>Wirkungsweise:</u> Beugung (*Flexion*) + Innenrotation des Arms (*Pronation*)

Basismäßige Ausführung:
Uke und Tori stehen einander gegenüber, da die Situation unklar bzw. sogar bedrohlich ist, hat Tori seine Arme vorne, um den Sicherheitsabstand zu kontrollieren. Uke fasst diagonal ein Handgelenk:

Da die Gefahr besteht, dass Uke zuschlägt, muss Tori zunächst aus der Gefahrenzone seitlich ausweichen. Der haltende Arm wird nach innen gedreht (*proniert*) und Ukes Finger mit Druck gegen die Speiche fixiert, sodass er – selbst wenn er loslassen würde – am Arm Toris eingeklemmt bliebe:

Hand- und Armhebel   Handhebel 24 – Kote mawashi

Zur Verdeutlichung: Tori fixiert Ukes Finger durch Druck mit seinem Handballen gegen seine eigene Speiche:

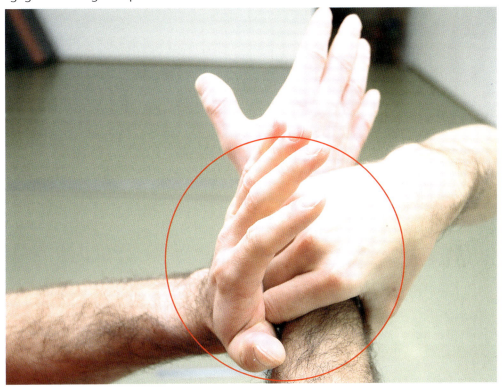

Dies würde nicht funktionieren, wenn Tori versuchen würde, mit Druck auf Ukes Handrücken zu arbeiten, da er dann sehr schnell den Kontakt verlieren würde:

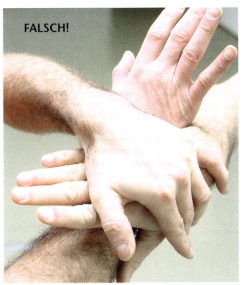
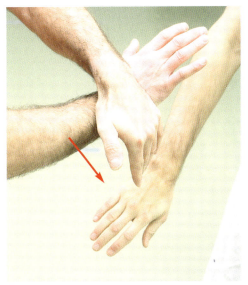

Sodann schneidet Tori mit der kleinfingerseitigen Handkante in Ukes Handgelenk und beugt die Finger. Nicht jedoch, um den Unterarm festzuhalten, sondern zur besseren Kontrolle der Beugung im Ellbogengelenk. Diese Beugung ist nämlich notwendig zum optimalen Funktionieren des Hebels. Würde Uke den Arm strecken, würde Uke die Kontrolle verlieren (vgl. dazu die Ausführungen zu Handhebel 3, Seite 44 ff.). Optimal funktioniert Kote mawashi, wenn sowohl zwischen Ober- und Unterarm, als auch zwischen Unterarm und Handgelenk ein 90 Grad-Winkel besteht:

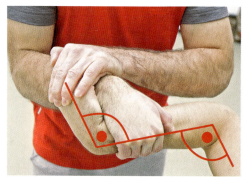

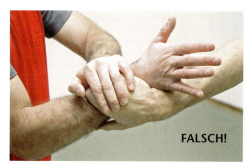

FALSCH!

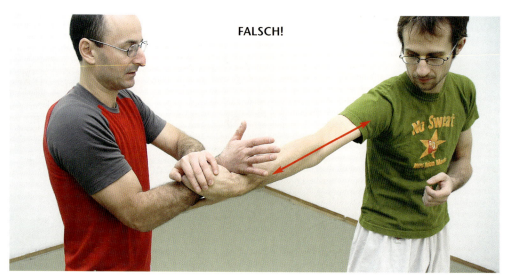

FALSCH!

Hand- und Armhebel — Handhebel 24 – Kote mawashi

Uke bleibt mit seinen Händen und beiden Ellbogen nahe am eigenen Körper, da er so den Hebel mit optimaler Kraftübertragung durch Rumpfbeugung durchführen kann. Bei schneller Ausführung bricht das Handgelenk, bei langsamer Ausführung kann Uke unter ständiger Spannung zu Boden gebracht und dort fixiert werden:

8. Ellbogenhebel im Stand

Gerade bei den Ellbogenhebeln im Stand gilt das bereits Gesagte: Zur Erhöhung der Wirksamkeit des Streckhebels muss das Gelenk unter Zug gesetzt – quasi »aufgemacht« – werden. Dann würde eine ruckartige Bewegung von oft nur wenigen Zentimetern genügen, um das Gelenk zu luxieren. Bei den folgenden Ausführungen geht es in erster Linie um Kontrolle durch Hebel.

Ude hishigi shita oshi (Unterarm-Strecken-nach unten-Drücken)

Wirkungsweise: Streckung (*Extension*) + Innenrotation des Arms (*Pronation*); Uke wird mit diesem Hebel zu Boden gebracht, wo dann eventuell andere Hebel zur Fixierung möglich sind.

Basismäßige Ausführung:

Toris Unterarm liegt nahe am eigenen Körper und stellt gewisser Maßen die Kante dar, über welche gehebelt wird. Die Kraft dafür kommt nicht aus dem Arm, sondern ergibt sich aus der Körperbewegung.

Ukes Arm befindet sich nahe vor Toris Rumpf. Dadurch überträgt sich jede seiner Bewegungen auf Uke.

Tori beginnt mit einer Körperdrehung **nach hinten** und nimmt Ukes Arm dadurch mit, ohne dass dabei starker Druck ausgeübt wird. Drehpunkt ist der rechte Fuß. Der Hebel wird nach hinten ausgeführt, weil Uke in diese Richtung am schwächsten ist und sich schlecht stabilisieren kann:

Hand- und Armhebel — Ude hishigi shita oshi

Anschlusstechniken werden später behandelt.

Als letzte Technik der Kombination an Ukes Außenseite:

Tori beginnt mit einem Ausfallschritt und fasst diagonal Ukes Handgelenk. Es folgt ein Tritt an Ukes Schienbein und ein Faustschlag zu den Rippen. Ukes Arm wird in Streckung gebracht und Uke mit dem Ellbogenhebel zu Boden gebracht:

Zur Verbesserung der Griffsicherheit lässt sich dieser Hebel auch abwechselnd zwischen den Partnern als Abschluss des »**Drill 1**« üben:

1. Kontakt

2. Kontakt

Zufassen

Hebelansatz

Lösen; usw.

Ude hishigi waki gatame (Unterarm-Strecken-Achsel-Festhalten)

Wirkungsweise: Streckung (*Extension*) + Innenrotation des Arms (*Pronation*); Uke wird damit zu Boden gebracht und kann mit demselben Hebel fixiert werden.

Basismäßige Ausführung:

Tori fasst diagonal Ukes Handgelenk. Der Arm wird unter Zug nach innen rotiert (*proniert*):

Der andere Arm Toris legt sich über Ukes gestreckten Arm, die Innenseite von Toris Oberarm liegt knapp schulterwärts von Ukes Ellbogenspitze, Tori senkt seinen eigenen Ellbogen ab. Drehpunkt für den Hebel ist Toris Oberarminnenseite. **Ukes Finger zeigen schräg nach vorne-oben:**

Hand- und Armhebel — Ude hishigi waki gatame

Tori macht mit seinem näheren Bein einen Ausfallschritt nach hinten, wodurch die Hebelwirkung entsteht:

Tori geht in die Knie-Schritt-Position, stützt sich mit dem Ellbogen ab und kann sich gemütlich auf den Boden setzen, ohne dass die Hebelwirkung nachlässt:

Aber auch durch gleichseitiges Zufassen kann Tori beginnen:

Absenken des Arms

Zu beachten:
Entscheidend ist der **Rotationswinkel des Arms**; um diesen zu kontrollieren, empfiehlt es sich, mit einer Hand die Hand Ukes zu fassen, quasi als »Quergriff« zum Arm. Bei einem beidhändigen Griff am Handgelenk könnte Uke seinen Arm rotieren und den Hebel verhindern. Bei der soeben gezeigten Sequenz zeigten die **Finger Ukes nach schräg vorne-oben**. Natürlich kann zusätzlich auch ein Handhebel angesetzt werden:

Finger schräg nach oben

Bei geringem Pronationswinkel ist Drehpunkt die Achselhöhle Toris, er kann mit Uke senkrecht zu Boden gehen. Die **Finger Ukes** zeigen senkrecht nach oben:

Finger senkrecht nach oben

Hand- und Armhebel   Ude hishigi waki gatame

FALSCH!

Ein auf »Auf-den-Uke-werfen« (wie oft zu beobachten) ist niemals notwendig und zeigt nur, dass Tori die Wirkungsweise des Hebels nicht verstanden hat!

Als letzte Technik der **Kombination an Ukes Außenseite**:
Kontaktaufnahme, Tritt, Faustschlag zu Ukes Rippen:

Hebelansatz, Hebel:

Hand- und Armhebel Ude hishigi waki gatame

Zur Verbesserung der Griffsicherheit lässt sich dieser Hebel auch abwechselnd zwischen den Partnern als Abschluss des »**Drill 1**« üben:

Tori dreht sich um seine Körperachse, Drehpunkt ist sein linker Fuß:

Ude kujiki

<u>Wirkungsweise:</u> Streckung (*Extension*) + Außenrotation des Arms (*Supination*)

Basismäßige Ausführung:
Tori fasst diagonal das Handgelenk Ukes. Er dreht sich seitlich zu Uke und setzt ein Atemi gegen dessen Gesicht, um die Streckung im Ellbogengelenk zu gewährleisten. Gleichzeitig zieht er an Ukes Arm:

Tori umschlingt den Arm Ukes, sodass sein Unterarm knapp oberhalb Ukes Ellbogenspitze liegt:

Seine Wirksamkeit entfaltet der Hebel erst durch die Streckung von Toris Armen, Toris Handgelenke müssen dabei zur optimalen Kraftübertragung gerade gehalten werden und dürfen nicht abknicken!

Armstreckung

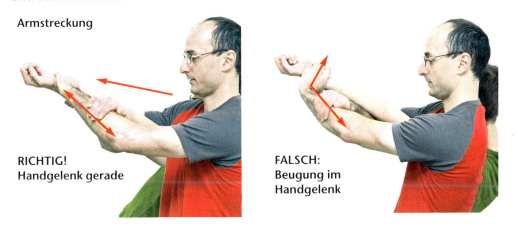

RICHTIG!
Handgelenk gerade

FALSCH:
Beugung im Handgelenk

Das »Abknickverbot« gilt auch für die andere Hand, also für die, die den eigenen Unterarm fasst. Um Kraft zu sparen, kann Tori weit über seinen eigenen Unterarm fassen und u. U. einfach sein Handgelenk am Unterarm auflegen:

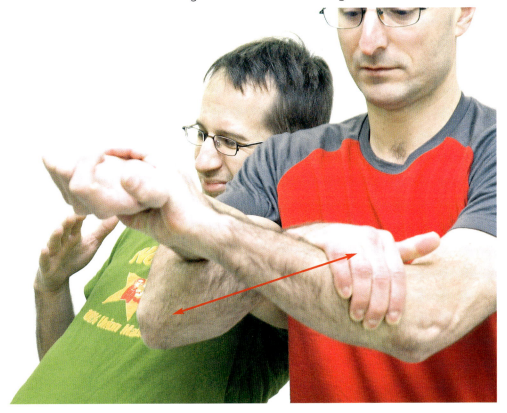

Toris Schultern müssen waagerecht stehen, er selbst nimmt einen stabilen Stand ein. Bei Anfängern ist oft diese Haltung zu beobachten: Schultern hochgezogen, Seitneigung. Dabei kann sich keine Hebelwirkung aufbauen, Uke steht stabiler als Tori:

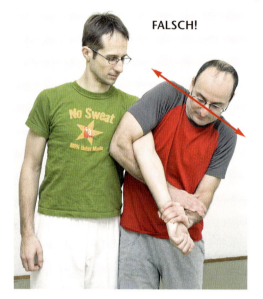

Will man Uke auf diese Weise transportieren, muss er in eine schwache Position, also in Rücklage sowie auf die Zehenspitzen, gebracht werden. Dies geschieht durch Druck von Toris Schulter nach hinten-unten sowie durch Anheben der Arme.

Der <u>Abwurf</u> erfolgt durch weiteres Anheben der Arme, verstärkten Druck mit der Schulter nach hinten und Wendung zu Uke:

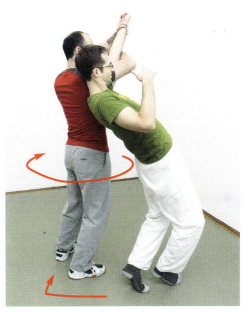

Auch eine <u>Fixierung</u> am Boden ist möglich. Uke ist dabei in Seitlage, sein Kopf wird von Tori mit dem Schienbein am Boden fixiert:

Hand- und Armhebel — Kata ude kujiki

Kata ude kujiki

<u>Wirkungsweise:</u> Streckung (*Extension*) + Außenrotation des Arms (*Supination*)

Basismäßige Ausführung:
Tori fasst diagonal Ukes Handgelenk. Mit einer Schrittdrehung gelangt Tori an Ukes Seite, wobei durch Zug am Arm die Streckung im Ellbogen gewährleistet sein muss:

Ukes Arm wird sowohl am Handgelenk als auch am Ellbogen kontrolliert und nach außen gedreht (*supiniert*).

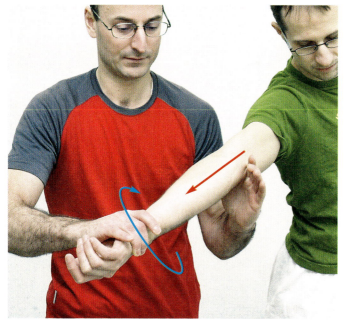

In der Endposition muss Tori seinen Oberarm waagerecht halten, damit Ukes Arm nicht von der Schulter rutscht. Uke muss auf seinen Zehenspitzen stehen, erst dann sind seine Aktionsmöglichkeiten begrenzt:

Bleibt Toris Schulter abgesenkt, ist es Uke leicht möglich, dem Hebel zu entgehen:

Der Abschluss kann mittels Abwurf nach vorne erfolgen. Beim Abwurf darf jedoch keine Hebelwirkung mehr gegeben sein! Das geschieht durch Absenken des Schwerpunktes Toris sowie durch Zug am Arm, wodurch Toris Schulter schließlich in der Achsel Ukes liegt. Zur Erleichterung des Falles sollte Uke in das Revers Toris fassen (sofern vorhanden):

Hand- und Armhebel — Kata ude kujiki

Ebenso kann dieser Hebel aber auch als Abschluss des »**Drill 2**« trainiert werden:

Zufassen, Schocktechnik zum Gesicht Ukes, Vorbeiführen des Arms vor Toris Rumpf unter Zug:

Kontrolle des Arms an Handgelenk und Ellbogen, Eindrehen zum Hebel:

Lösen, usw.

Ude kujiki kubi kanuki

<u>Wirkungsweise:</u> Streckung (*Extension*) + Außenrotation des Arms (*Supination*)

Es handelt sich dabei um eine Fortsetzungstechnik des oben dargestellten Hebels **Kata ude kujiki**. Drehpunkt für den Hebel ist nunmehr nicht mehr die Schulter (*Kata*), sondern Toris Genick (*Kubi*).
Der Drehpunkt des Hebels muss auch bei der Wendung hin zu Uke knapp oberhalb des Ellbogengelenks verbleiben, da Uke sonst seinen Arm beugen kann!

Tori umfasst nun den Rumpf Ukes und fixiert dessen freien Arm. Durch Aufrichten des Rumpfes wird der Hebel angezogen. In der Endposition schauen Tori und Uke in verschiedene Richtungen. Uke muss am Schluss wieder auf seinen Zehenspitzen stehen. Dieser Hebel ist sehr gut als Transporttechnik geeignet:

Zempaku garami (Sonderform)

<u>Wirkungsweise:</u> Beugung (*Flexion*), wobei es durch den Unterarm Toris in der Ellbogenbeuge Ukes zu einer Quetschung der Muskulatur und eventuell zu einer Zerrung von Bändern kommen kann.

<u>Basismäßige Ausführung:</u>
Tori fasst spiegelgleich Ukes Handgelenk und rotiert seinen Arm nach außen (*Supination*). Er legt seinen Unterarm in die Ellbogenbeuge Ukes, fixiert dessen Handgelenk an seiner Schulter und fasst seinen eigenen Daumenballen:

Der Hebel wird wirksam durch die Quetschung in der Ellbogenbeuge. Dabei sind jedoch folgende Punkte zu beachten: Unter der Annahme, dass Uke kräftig ist, hat es wenig Sinn, sich einfach mit seinem Gewicht auf den Arm zu werfen. Tori beginnt daher mit einem <u>plötzlichen, starken Ruck</u>, um Uke zu destabilisieren. Die Kraftentfaltung muss explosionsartig mit starker Körperspannung erfolgen. Dies erreicht man mit der Vorstellung plötzlichen, heftigen Niesens:

Hand- und Armhebel — Zempaku garami (Sonderform)

Zug!

Außerdem <u>zieht</u> Tori stark und plötzlich zu sich, damit Uke nach vorne instabil ist. Sodann kann Uke zu Boden gebracht werden. Beim Üben sollte diese Aktion allerdings vorher angekündigt werden, da der Ruck eine starke Belastung der Halswirbelsäule darstellt.

Es handelt sich nicht um eine Kontrolltechnik, am Boden muss daher in andere Techniken gewechselt werden!

So würde es ohne Ruck bzw. Zug nach hinten aussehen:
Uke steht entspannt da, während sich Tori vergeblich abmüht.

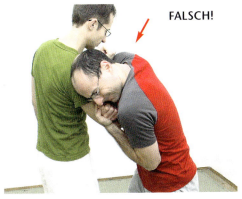

FALSCH!

Zur Verbesserung der Griffsicherheit lässt sich dieser Hebel auch abwechselnd zwischen den Partnern als Abschluss des »**Drill 1**« üben:

1. Kontakt

2. Kontakt

Ukes Handgelenk wird gefasst und sein Arm nach außen rotiert (*supiniert*). Tori legt seinen Unterarm in Ukes Ellbogenbeuge:

Hebelansatz

Lösen, usw.

Als letzte Technik der **Kombination an Ukes Außenseite**:
Kontaktaufnahme, Tritt, Faustschlag zu Ukes Rippen:

Ukes Handgelenk wird gefasst und sein Arm nach außen rotiert (*supiniert*). Tori legt seinen Unterarm in Ukes Ellbogenbeuge:

Hebelansatz.

9. Schulterhebel im Stand

9.1 Außenrotation (*Supination*)

Shiho nage, 2 Varianten: Shiho nage omote waza, Shiho nage ura waza

<u>Shiho nage omote waza, basismäßige Ausführung:</u>
Es muss von Beginn an Zug an Ukes Arm ausgeübt werden, da ein gestreckter Arm schwächer ist als ein gebeugter, außerdem ist dadurch das Zuschlagen mit der freien Hand erschwert:

Ukes Arm muss zur optimalen Kontrolle sowohl am <u>Handgelenk</u> als auch am <u>Ellbogengelenk</u> gefasst werden:

Hand- und Armhebel | Außenrotation – Shiho nage

Tori macht einen Ausfallschritt vor Uke und rotiert Ukes Arm nach außen *(Supination)*. Zur besseren Darstellung ist die Position danach um 90 Grad gedreht:

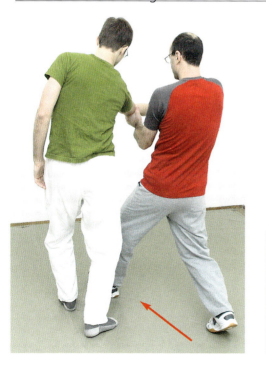

Hand- und Armhebel | Außenrotation – Shiho nage

Tori darf Ukes Arm nicht anheben, sondern muss bei Ausführung der 180 Grad-Drehung seinen Schwerpunkt absenken, um die Gefahr des Mitdrehens Ukes zu reduzieren. Auch aus diesem Grund bleibt Ukes Ellbogen die ganze Zeit fixiert:

Der Winkel vor dem Abwurf beträgt zwischen Rumpf und Oberarm sowie zwischen Unter- und Oberarm jeweils 90 Grad. Dadurch ergibt sich die bestmögliche Hebelwirkung. In der Endposition (vor dem Abwurf) hält Tori Ukes gebeugte Hand. Damit kann er selber sein Handgelenk gerade halten und seine Kraft optimal einsetzen:

Hand- und Armhebel — Außenrotation – Shiho nage

FALSCH: nur Kontrolle am Handgelenk. Uke kann seinen Ellbogen heben und sich mitdrehen:

FALSCH!

Fixierung am Boden: Tori steigt über Ukes Arm und stellt seinen Fuß unter Ukes Kopf, da sich dieser ansonsten heraus drehen könnte:

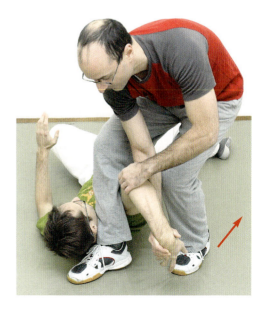

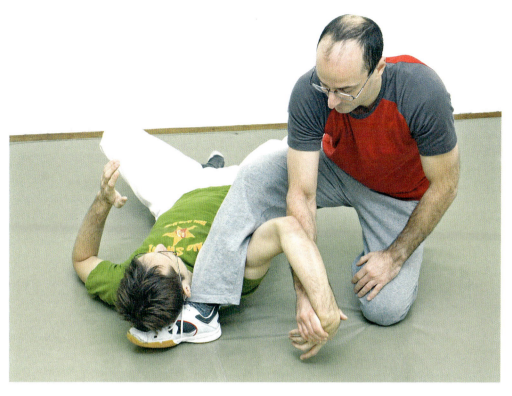

Beispiel für statische Ausführung:
Uke hält Tori diagonal am Handgelenk. Tori verlagert seinen Schwerpunkt nach hinten und fasst seinerseits Ukes Handgelenk von innen:

Kontrolle am Hand- und Ellbogengelenk

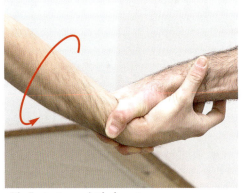

Die Fortsetzung ist bekannt.

Ebenso kann dieser Hebel aber auch als Abschluss des »**Drill 2**« trainiert werden, die ganze Abfolge sollte abwechselnd rechts und links trainiert werden:

1./2. Kontakt

Nach der Schocktechnik fasst dieselbe Hand Toris das Handgelenk Ukes, die andere Hand kontrolliert Ukes Ellbogen:

Hebelansatz:

Shiho nage ura waza, basismäßige Ausführung:

Die Drehung erfolgt hierbei nicht vor Uke, sondern an dessen Seite. Dadurch ist er zum einen vor der anderen Hand besser geschützt, zum anderen ist aber eine größere Drehung als bei Omote waza erforderlich (360 Grad statt 180 Grad):

Tori macht einen Ausfallschritt links, bei der nachfolgenden Drehung ist Drehpunkt der linke Fuß:

Hand- und Armhebel — Außenrotation – Shiho nage

Hantei ude garami

Basismäßige Ausführung:
Tori fasst Ukes spiegelgleiche Hand (Daumen am Kleinfingergrundgelenk) und greift unter Ukes Arm durchfassend dessen Hand (Daumen in der Gelenkbeuge). Die Position ist identisch mit derjenigen des Shiho nage. Auch der Abschluss erfolgt wie bei Shiho-nage gezeigt:

Der gebeugt Ellbogen Ukes wird nach unten fixiert, damit Uke dem Hebel nicht durch Anheben seines Ellbogens ausweichen kann:

In der Endposition (vor dem Abwurf) hält Tori Ukes gebeugte Hand. Damit kann er selber sein Handgelenk gerade halten und seine Kraft optimal einsetzen. Der Winkel vor dem Abwurf beträgt zwischen Rumpf und Oberarm sowie zwischen Unter- und Oberarm jeweils 90 Grad. Dadurch ergibt sich die bestmögliche Hebelwirkung:

Zur Verbesserung des Timings und der Griffsicherheit (aber nicht als ultimative Selbstverteidigungstechnik) kann der Hebel auch **aus der Bewegung** trainiert werden.

Uke kommt auf Tori zu. Tori nimmt Kontakt an Ukes Arm auf, geht aus der Angriffslinie (Drehpunkt ist der linke Fuß) und umschlingt Ukes Arm:

Toris zweite Hand hat zugefasst. Nun dreht Tori in die Gegenrichtung (Drehpunkt ist nun sein rechter Fuß):

Ukes Arm wird nach außen gedreht (*supiniert*), der Hebel wird angesetzt:

Hand- und Armhebel Außenrotation – Hantei ude garami

Als letzte Technik der **Kombination an Ukes Außenseite**:
Kontaktaufnahme, Tritt, Faustschlag zu Ukes Rippen:

Ukes Handgelenk wird gefasst und sein Arm nach außen rotiert (*supiniert*). Tori fasst unter Ukes Arm hindurch dessen Hand:

Hand- und Armhebel | Außenrotation – Hantei ude garami

Zur Verbesserung der Griffsicherheit lässt sich dieser Hebel auch abwechselnd zwischen den Partnern als Abschluss des »**Drill 1**« üben:

1./2. Kontakt

Zufassen

Hebelansatz

Ude garami tachi waza

Basismäßige Ausführung:
Tori fasst diagonal Ukes unteren Unterarm (mit Daumen und Mittelfinger genügt), bleibt am Handgelenk hängen und zieht kurz in Richtung Boden:

Tori nutzt die Gegenreaktion Ukes, hebt den Arm an und platziert den linken Unterarm in der Ellbogenbeuge Ukes. Die linke Hand fasst den rechten Unterarm:

Hand- und Armhebel — Außenrotation – Ude garami tachi waza

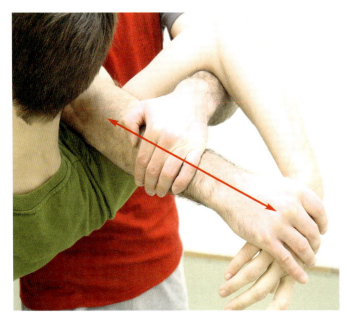

In der Endphase hält Tori Ukes gebeugte Hand. Damit kann er selber sein Handgelenk gerade halten und seine Kraft optimal einsetzen.

Der Winkel vor dem Abwurf beträgt zwischen Rumpf und Oberarm sowie zwischen Unter- und Oberarm jeweils 90 Grad. Dadurch ergibt sich die bestmögliche Hebelwirkung:

Der Abwurf kann bei annähernd gleicher Körpergröße gerade nach hinten erfolgen.

Der Abwurf geschieht durch Streckung von Toris Armen (dadurch hebt sich Ukes Ellbogen, gleichzeitig wird seine Hand gesenkt).

Ist Tori kleiner als Uke, gelingt es leichter, diesen kreisförmig zu Boden zu bringen:

Zur Verbesserung des Timings und der Griffsicherheit (aber nicht als ultimative Selbstverteidigungstechnik) kann der Hebel auch **aus der Bewegung** trainiert werden.

Uke kommt auf Tori zu. Tori steigt aus der Angriffslinie und nimmt diagonal Kontakt auf. Tori setzt zunächst den Ellbogenstreckhebel Ude hishigi shita oshi an:

Uke beugt nun seinen Arm. Tori geht mit der Bewegung mit:

Hand- und Armhebel — Außenrotation – Ude garami tachi waza

Als letzte Technik der **Kombination an Ukes Außenseite**:
Kontaktaufnahme, Tritt, Faustschlag zu Ukes Rippen:

Hand- und Armhebel — Außenrotation – Ude garami tachi waza

Tori legt seinen rechten Unterarm in Ukes Ellbogenbeuge:

Zur Verbesserung der Griffsicherheit lässt sich dieser Hebel auch abwechselnd zwischen den Partnern als Abschluss des »**Drill 1**« üben:

1. Kontakt

2. Kontakt/Zufassen

Hebelansatz

Kuzure gyaku ude garami

Basismäßige Ausführung:
Tori fasst gleichseitig Ukes Hand und rotiert diese nach außen (*Supination*), wodurch sich bereits der gesamt Arm in der richtigen Position befindet. Toris gleichnamiger Arm wird über Ukes Arm positioniert und wie für einen Ellbogenschlag zum eigenen Körper gezogen, da Uke den Hebel durch Armbeugung ansonsten verhindern könnte:

Tori dreht seinen Körper und fasst hoch an Ukes Revers (sofern vorhanden). Der Hebel wird durch Streckung des Arms angezogen. Uke kann mit dieser Hebeltechnik zuverlässig transportiert werden. Drückt Tori den Kopf Ukes zusätzlich weg, erhöht sich die Spannung in Ukes Schulter beträchtlich:

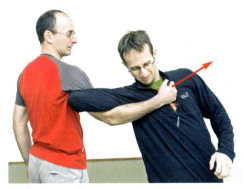

Zufassen am Revers

Hand- und Armhebel — Außenrotation – Kuzure gyaku ude garami

Der Abwurf erfolgt mit Hilfe eines Genickhebels unter Miteinbeziehung von Ukes Nase. Auch eine <u>Fixierung am Boden</u> ist damit möglich:

Uke liegt in Seitlage, der Kopf wird nach hinten überstreckt sowie seine Schulter durch Armstreckung Toris gehebelt:

Zu beachten: Wird der Arm Ukes zu wenig nach außen rotiert und dreht er nicht seinen gesamten Körper, besteht die Gefahr, dass Uke sperrt und seinerseits Toris Arm mit einem Ellbogenhebel hebeln kann:

FALSCH!

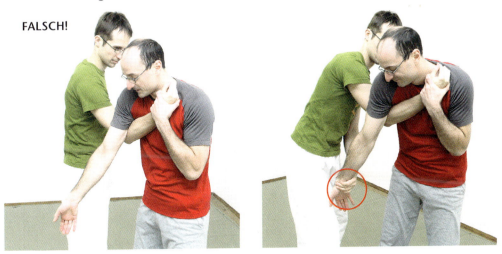

Zur Verbesserung des Timings und der Griffsicherheit (aber nicht als ultimative Selbstverteidigungstechnik) kann der Hebel auch **aus der Bewegung** trainiert werden:

Uke kommt auf Tori zu. Dieser geht aus der Angriffslinie und nimmt Kontakt am Handgelenk auf. Tori umschlingt den Arm und beschleunigt Uke auf einer Kreisbahn:

Hand- und Armhebel — Außenrotation – Kuzure gyaku ude garami

Als letzte Technik der **Kombination an Ukes Außenseite**:
Kontaktaufnahme, Tritt, Faustschlag zu Ukes Rippen:

Zur Verbesserung der Griffsicherheit lässt sich dieser Hebel auch abwechselnd zwischen den Partnern als Abschluss des »**Drill 1**« üben:

1./2. Kontakt

Zufassen am Handgelenk:

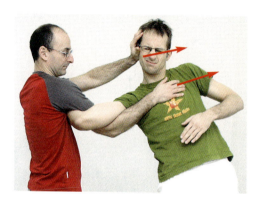

Sonderform 1

Hierbei handelt es sich um eine Weiterführungstechnik, wenn Uke aufgrund ungenauer Ausführung beim Ellbogenhebel Ude kujiki kubi kanuki seinen Arm beugen kann. Tori sollte dabei aufrecht bleiben. Uke kann mit dieser Technik ausgezeichnet transportiert werden:

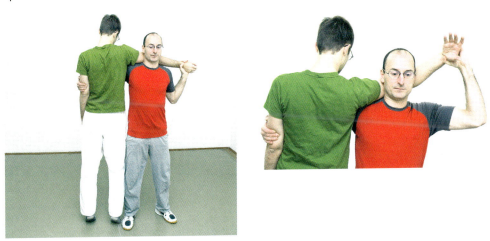

Auch hier ist es hilfreich, wenn Ukes Hand gefasst wird. Vorsicht, der Hebel wirkt sehr schnell:

Sonderform 2

<u>Wirkungsweise:</u> Bei dieser Technik befindet sich der Oberarm Ukes nicht im rechten Winkel zu dessen Rumpf, sondern in Verlängerung der Körperlängsachse. Sodann wird starker Zug am Arm ausgeübt.

Basismäßige Ausführung:

Diese Technik ähnelt in ihrem Beginn dem Hebel Shiho nage. Tori fasst diagonal Ukes Handgelenk sowie in weiterer Folge dessen Ellbogen und rotiert den Arm unter Zug nach außen (*Supination*). Der Zug ist notwendig, da ein gestreckter Arm schwächer ist als ein gebeugter:

Die nächsten Fotos sind zur besseren Darstellung um 180 Grad gedreht. Tori steigt links vor Uke und rotiert damit noch stärker dessen Arm:

Außenrotation – Sonderform 2

Im Unterschied zu Shiho nage dreht sich hier Tori nicht unter Ukes Arm hindurch, sondern legt sich Ukes Arm auf seine Schulter. Der Hebel wird durch Vorneigung des Rumpfes angezogen, so als ob man einen schweren Sack tragen müsste. Ukes Schulter sowie sein Rumpf stehen unter starker Spannung, er selber steht auf den Zehenspitzen. **Dieser Hebel ist als Transporttechnik gut geeignet:**

Zu beachten:
Es besteht die Gefahr, dass sich Uke in der Endposition zu Boden fallen lässt. Dies lässt sich verhindern, indem nicht die Ellbogenbeuge, sondern der Oberarm stark an der Schulter Toris fixiert wird:

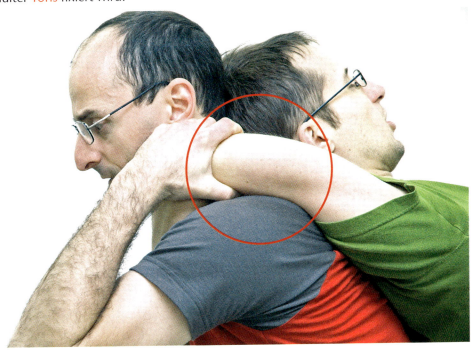

Hand- und Armhebel Außenrotation – Sonderform 2

Beispiel für statische Ausführung:

Tori holt sich unter Zug die Kontrolle über Ukes Arm. Durch die Körperdrehung sowohl Ukes als auch Toris ist Tori nicht mehr in Reichweite von Ukes gefährlichem rechten Arm:

Fortsetzung wie beschrieben.

Zur Verbesserung der Griffsicherheit lässt sich dieser Hebel auch abwechselnd zwischen den Partnern als Abschluss des »**Drill 2**« üben:

Tori fegt diagonal Ukes Schlaghand (1. Kontakt), die spiegelgleiche Hand fasst Ukes Handgelenk (2. Kontakt). Die diagonale Hand schlägt eine Schocktechnik gegen Ukes Gesicht:

Kontrolle an Ukes Handgelenk und Ellbogen, sein Arm wird weiter nach außen rotiert:

9.2 Innenrotation (*Pronation*)

Hiji maki komi

Basismäßige Ausführung: Es sind **drei** basismäßige **Eingänge** möglich:

Erster Eingang:
Tori nimmt mit seinem Handrücken Kontakt an Ukes spiegelgleichem Handgelenk auf. Die zweite Hand greift von außen hinter Ukes Ellbogengelenk:

Uke wird am Ellbogen nach vorne gezogen. Toris linke Hand greift Ukes Oberarm. Ukes Handgelenk liegt in Toris Ellbogenbeuge:

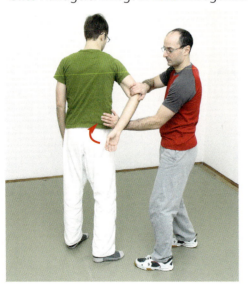
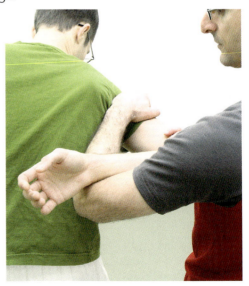

Zweiter Eingang:

Tori nimmt wieder mit seinem Handrücken Kontakt an Ukes spiegelgleichem Handgelenk auf. Die zweite Hand greift (kann auch ein kurzer, scharfer Schlag sein) nun aber von innen in Ukes Ellbogengelenk und zieht den Arm nach vorne:

Uke wird am Ellbogen nach vorne gezogen. Toris linke Hand greift Ukes Oberarm. Ukes Handgelenk liegt in Toris Ellbogenbeuge:

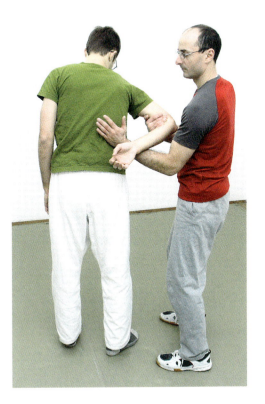 

Dritter Eingang:

Tori fasst locker Ukes Unterarm und rutscht daran hinab, bis die Finger an der schmalsten Stelle (dem Handgelenk) hängenbleiben. Ein kurzer Ruck leitet Ukes Gegenreaktion ein:

Die Gegenreaktion ausnutzend wird Ukes Arm angehoben und sein Ellbogen in Richtung seines Kopfes geschoben:

Hand- und Armhebel — Innenrotation – Hiji maki komi

Zur deutlicheren Darstellung ist der Blickwinkel um 180 Grad gedreht:

Zu beachten:
Ukes Handgelenk muss zur optimalen Kontrolle in der Ellbogenbeuge Toris fest eingeklemmt werden:

Toris Hand liegt auf Ukes Oberarm, nicht auf dessen Schulter. Andernfalls könnte Uke seinen Arm leicht strecken und seinerseits einen Schulterhebel ansetzen:

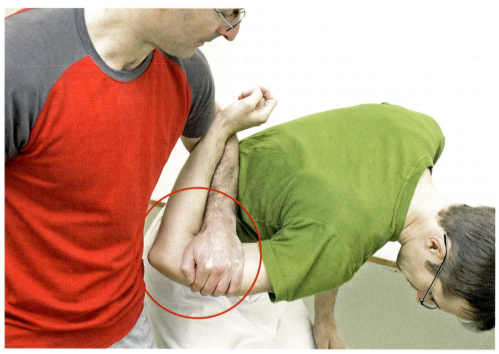

Ukes Ellbogen ist an Toris Hüfte fixiert und darf keinerlei Spielraum haben:

Um zu verhindern, dass Uke aus dem Hebel nach vorne heraus rollt, fasst Tori wahlweise dessen Haare, das Gesicht oder das Gewand:

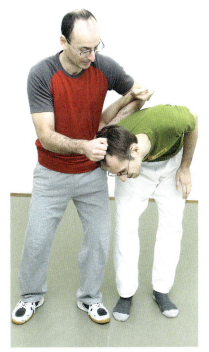
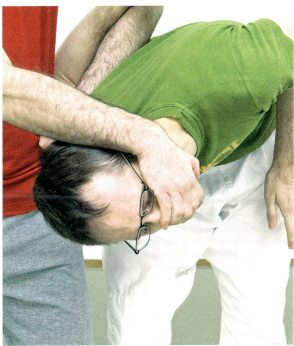

Hand- und Armhebel — Innenrotation – Hiji maki komi

Um zu verhindern, dass sich Uke aufrichtet, wird nach unten Druck ausgeübt:

FALSCH!

<u>Als letzte Technik der</u> **Kombination an Ukes Außenseite**:
Kontaktaufnahme, Tritt, Faustschlag zu Ukes Rippen:

Schub an Ukes Ellbogen in Richtung seines Kopfes, dann wird sein Handgelenk in Toris Ellbogenbeuge platziert:

Hand- und Armhebel — Innenrotation – Hiji maki komi

Zur Verbesserung der Griffsicherheit lässt sich dieser Hebel auch abwechselnd zwischen den Partnern als Abschluss des »**Drill 1**« üben:

1. Kontakt

2. Kontakt

Hebelansatz

Blickwinkel um 180 Grad gedreht

Hand- und Armhebel Innenrotation – Hiji maki komi

Hiji maki shita

Basismäßige Ausführung:
Tori fasst locker Ukes Unterarm und rutscht daran hinab, bis die Finger an der schmalsten Stelle (dem Handgelenk) hängenbleiben. Ein kurzer Ruck leitet Ukes Gegenreaktion ein:

Die Gegenreaktion ausnutzend wird Ukes Arm angehoben und sein Ellbogen in Richtung seines Kopfes geschoben. Zusätzlich macht Tori einen Schritt mit rechts:

Tori steht nun in einer tiefen und breiten Position. Der gebeugte Arm Ukes wird zwischen den Beinen Toris hindurch rasch nach unten/hinten gedrückt. Um seine Kraft besser einsetzen zu können, liegen die Hände Toris übereinander:

Zu beachten:
Es handelt sich nicht um eine Kontrolltechnik! Selbst in der Endposition ist es Uke möglich, aus dem Hebel zu entkommen, indem er sich einfach zu Boden fallen lässt:

Das einzige Ziel kann daher nur die schnelle Verletzung des Gelenks sein.

Als letzte Technik der **Kombination an Ukes Außenseite**:
Kontaktaufnahme, Tritt, Faustschlag zu Ukes Rippen:

Schub an Ukes Ellbogen in Richtung seines Kopfs, Schritt an Uke vorbei:

Verletzung der Schulter

Zur Verbesserung der Griffsicherheit lässt sich dieser Hebel auch abwechselnd zwischen den Partnern als Abschluss des »**Drill 1**« üben:

1. Kontakt

2. Kontakt

Zufassen, Schub am Ellbogen:

Der Blickwinkel ist zur Verdeutlichung nun wieder um 180 Grad gedreht:

Verletzung der Schulter

Hand- und Armhebel   Innenrotation – Ude hineri

Ude hineri

Basismäßige Ausführung: Der Hebel wird sehr schnell wirksam, daher Vorsicht! Tori bringt Uke wie gezeigt in Vorlage:

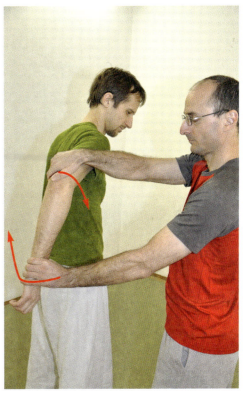

Sobald Uke in Vorlage ist, fasst Tori sein eigenes Handgelenk:

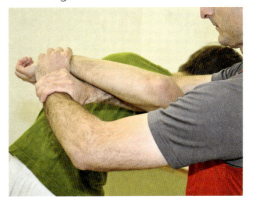

Hand- und Armhebel — Innenrotation – Ude hineri

Uke wird spiralförmig zu Boden gebracht:

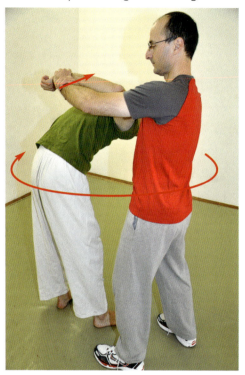

Um Uke am Boden fixieren zu können, muss sein Gesäß fixiert werden, ansonsten kann er nach vorne aus der Technik heraus rollen:

Hand- und Armhebel   Innenrotation – Ude hineri

Varianten beim Technikeingang:

Durch einen Schlag gegen die Nackenmuskulatur wird Uke in Vorlage gebracht:

Hier beginnt Tori mit einem Kniestoß gegen Ukes Unterleib.

Als letzte Technik der **Kombination an Ukes Außenseite**:
Tritt an Ukes Schienbein, Fauststoß zu seinen Rippen:

Hand- und Armhebel — Innenrotation – Ude hineri

Handwechsel, Uke wird in Vorlage gebracht

Hand- und Armhebel | Innenrotation – Ude hineri

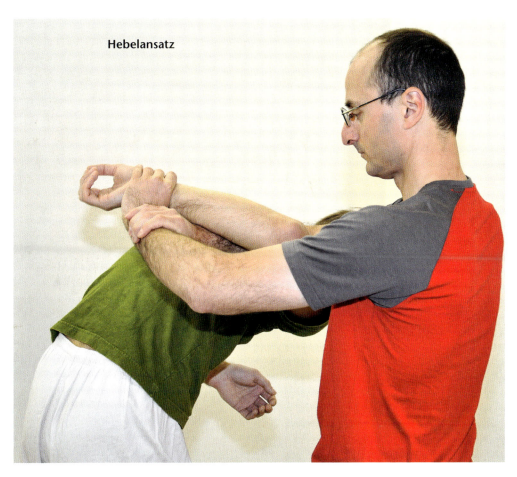
Hebelansatz

Zur Verbesserung der Griffsicherheit lässt sich dieser Hebel auch abwechselnd zwischen den Partnern als Abschluss des »**Drill 1**« üben:

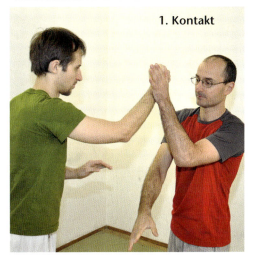
1. Kontakt

2. Kontakt

Hand- und Armhebel — Innenrotation – Ude hineri

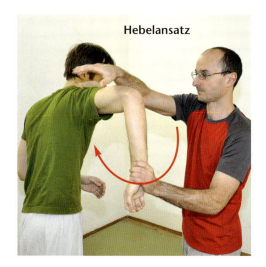

Hebelansatz

10. Ellbogenhebel am Boden

Ude osae

Hebelansatz: Beide Arme Toris sind gestreckt. Der Zug an Ukes Handgelenk darf nämlich nicht durch Beugung des haltenden Arms Toris aufgebaut werden (weil eventuell zu schwach), vielmehr bilden Ukes Arm, Toris beide Arme sowie sein Schultergürtel ein Rechteck:

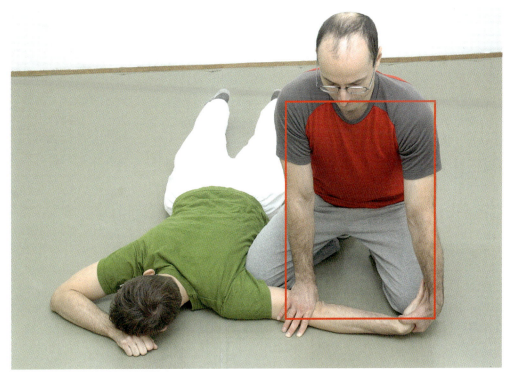

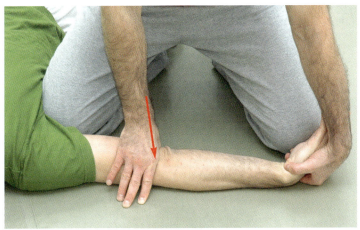

Tori übt mit seinem Zeigefinger-Grundgelenk schmerzhaften Druck auf die Trizeps-Ansatzsehne knapp oberhalb der Ellbogenspitze aus.

Durchführung: Um nun starken Zug aufbauen zu können, verlagert Tori sein Gewicht auf seinen den Ellbogen fixierenden Arm. Bleibt er dabei in seinem Schultergürtel stabil (stellt er das Rechteck quasi auf eine Ecke, ohne dass ein Parallelogramm daraus wird), so baut sich starker Zug an Ukes Hand und gleichzeitig starker Druck an Ukes Ellbogen auf:

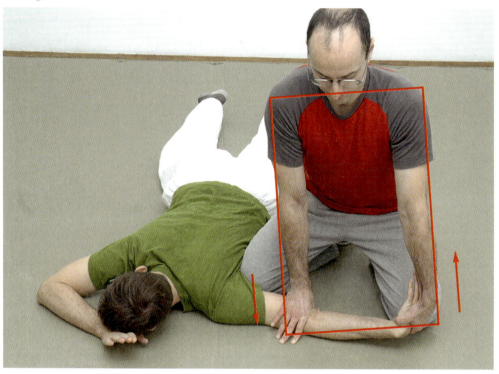

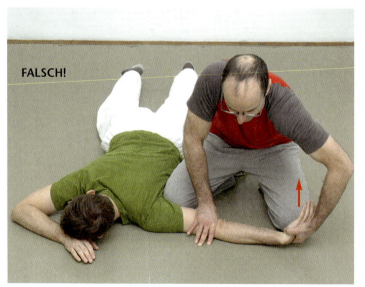

Falsch:
Zug und Druck aus der Armmuskulatur. Bei einem kräftigen Uke ist die dabei entstehende Kraft nicht ausreichend.

Hand- und Armhebel — Ude osae

Falsch: Tori macht aus dem Rechteck ein Parallelogramm. Dabei entwickelt sich weder Druck noch Zug:

FALSCH!

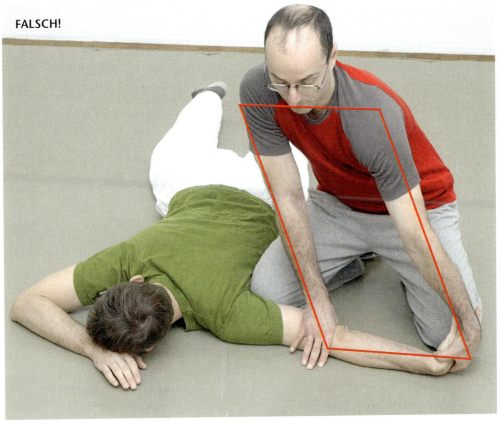

Es besteht die Gefahr, dass Uke nach vorne aus der Fixierung heraus rollt. Dabei rotiert entsprechend auch sein gestreckter Arm:

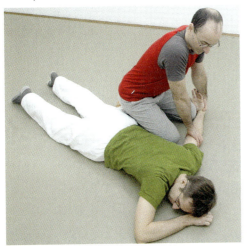 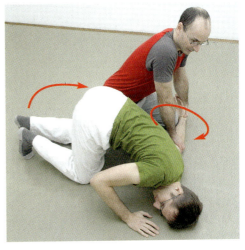

Dieser Rotation kann aktiv gegen gearbeitet werden. Die Bewegung ähnelt der, als würde man ein Handtuch auswringen. Somit fällt es Uke sehr viel schwerer, sein Becken anzuheben, was für die Rolle notwendig wäre:

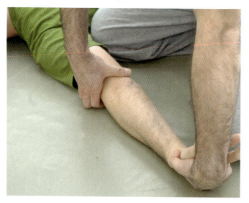 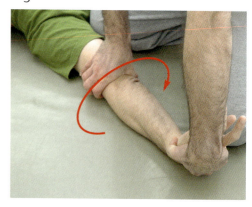

Variante: der Druck auf die Trizeps-Ansatzsehne knapp oberhalb der Ellbogenspitze kann auch mit der Schienbeinvorderkante ausgeübt werden:

 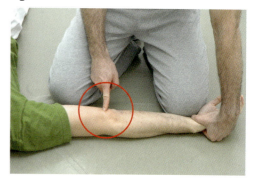

Beugt Uke seinen Arm im Ellbogengelenk, so kann ihn Tori dennoch mit einer zu sich sägenden Bewegung seines Schienbeins und Druck am *Nervus radialis* fixieren (man beachte die veränderte Rotation von Ukes Unterarm):

 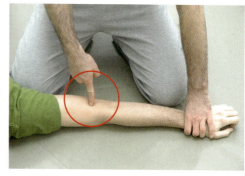

Ude hishigi hiji gatame

Basismäßige Ausführung:
Uke liegt auf dem Rücken, sein Arm liegt in Verlängerung seiner Körperachse. Tori setzt sein Kleinfinger-Grundgelenk knapp oberhalb von Ukes Ellbogenspitze (Trizeps-Ansatzsehne) auf und rotiert unter Druck den Arm zu Uke. Die andere Hand hält Ukes Hand bzw. kann zusätzlich Zug nach oben ausüben:

 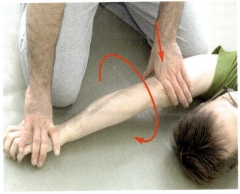

Zu beachten:
Gibt Tori nun Druck, hebt Uke oftmals in einer Vermeidebewegung sein Becken:

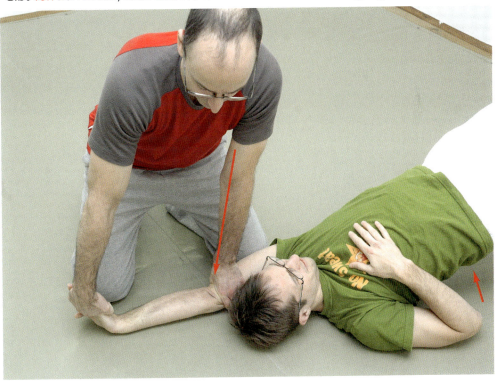

Beide Arme Toris sind gestreckt. Sollte nämlich der Druck am Ellbogengelenk allein nicht ausreichen (oftmals sind Frauen im Ellbogengelenk flexibler als Männer), muss zusätzlich Zug an Ukes Hand erzeugt werden. Dieser Zug an Ukes Handgelenk darf nicht durch Beugung des haltenden Arms Toris aufgebaut werden (weil eventuell zu schwach), vielmehr bilden Ukes Arm, Toris beide Arme sowie sein Schultergürtel ein Rechteck. Um nun starken Zug aufbauen zu können, verlagert Tori sein Gewicht auf seinen den Ellbogen fixierenden Arm.

Bleibt er dabei in seinem Schultergürtel stabil (stellt er das Rechteck quasi auf eine Ecke, ohne dass ein Parallelogramm daraus wird), so baut sich starker Zug an Ukes Hand und gleichzeitig starker Druck an Ukes Ellbogen auf:

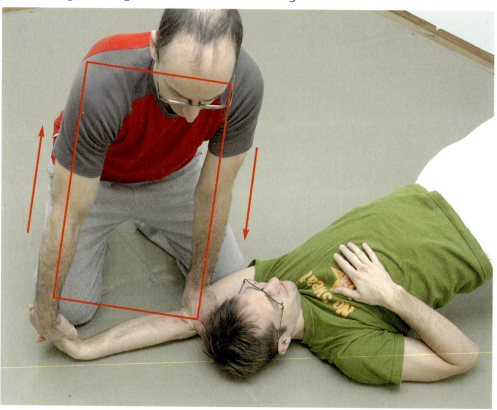

Hand- und Armhebel — Ude hishigi hiji gatame

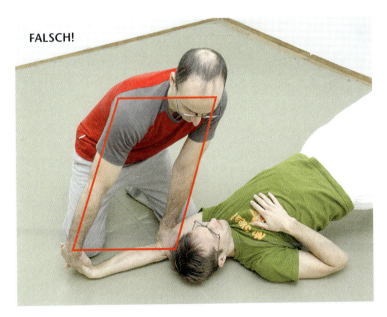

Gibt Tori in seinen Schultergelenken nach, so wird aus dem Rechteck ein Parallelogramm und es entsteht kein Zug:

Falsch (unökonomisch) wäre es auch, wenn Tori versuchen würde, den Zug durch Beugung seines rechten Arms zu erzeugen:

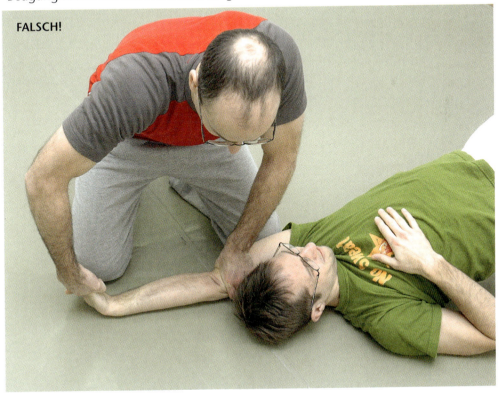

Variante: Der Druck auf die Trizeps-Ansatzsehne knapp oberhalb der Ellbogenspitze kann auch mit der Schienbeinvorderkante ausgeübt werden:

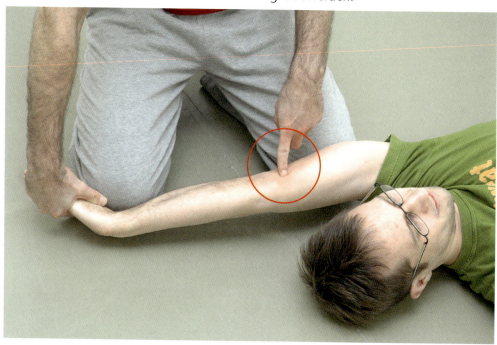

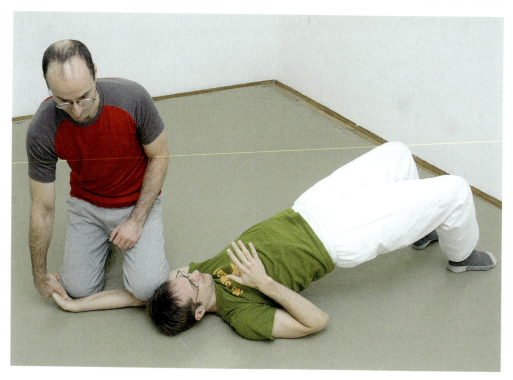

Yoko ude hishigi hiza gatame

Basismäßige Ausführung:
Tori hat Uke zu Boden gebracht, kontrolliert dessen Ellbogen und Handgelenk und übt Zug nach oben aus. Dadurch liegt Uke in Seitlage, Tori steht knapp neben ihm. Nun fixiert Tori Ukes Hals mit seinem Schienbein:

Ukes Kopf muss gut fixiert werden. Dies geschieht dadurch, dass Tori sein Knie weit über Ukes Halsseite platziert und er sein Körpergewicht einsetzt.

Ukes gestreckter Arm wird über Toris rechten Oberschenkel gehebelt.

Hand- und Armhebel — Yoko ude hishigi hiza gatame

Tori muss aufrecht bleiben sowie Uke in Seitlage liegen, da dieser ansonsten mit dem freien Arm schlagen und mit den Beinen treten könnte:

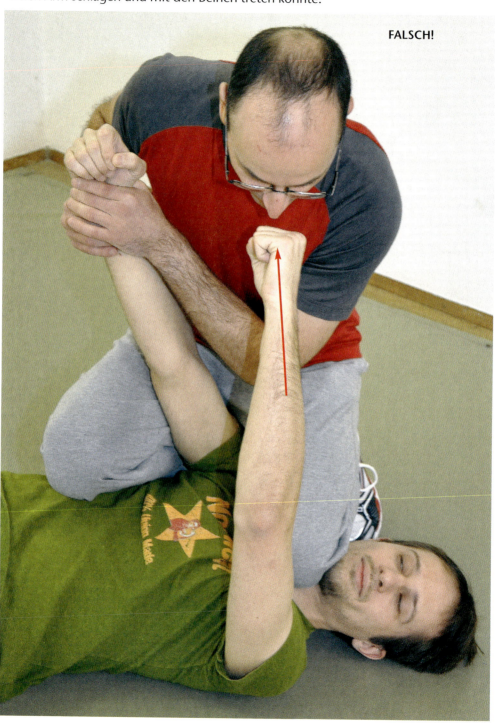

Hand- und Armhebel Yoko ude hishigi hiza gatame

FALSCH!

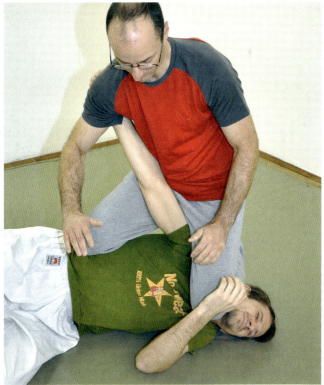

Variante in der Endposition: Tori klemmt sich den Arm Ukes unter seine Achsel.

Ude hishigi juji gatame

Der Klassiker schlechthin, gerade im Judo!

Basismäßige Ausführung:

Liegt Tori zu weit weg von Uke, wirkt der Hebel nicht. Wie stellt er die notwendige nahe Distanz her:

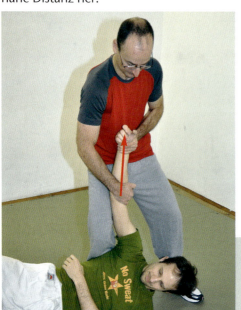

Uke muss zunächst in Seitlage liegen, Tori erreicht dies durch Zug an Ukes Arm nach oben. Dies reduziert auch die Gefahr, dass Uke mit dem freien Arm schlägt und mit den Beinen tritt.

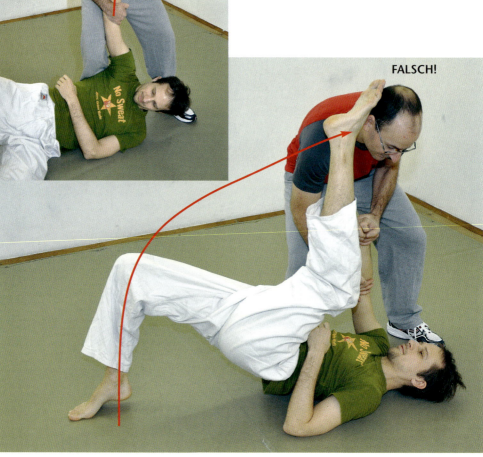

FALSCH!

Tori steigt nun kopfwärts über Uke, geht in die Knie und fixiert Ukes Arm an seiner Schulter. Nun kann er sich beim Absetzen am Arm festhalten und bleibt dadurch knapp an Uke dran:

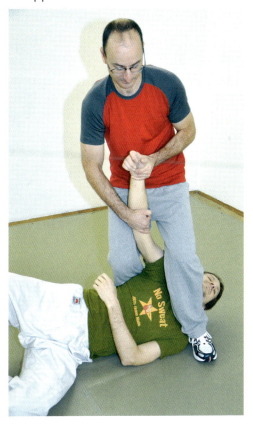 

Zur besseren Armkontrolle hält Tori seine Beine eng zusammen, Ukes Ellbogengelenk liegt an Toris innerem Oberschenkel auf. **Der Hebel selbst wird durch Anheben des Beckens angezogen:**

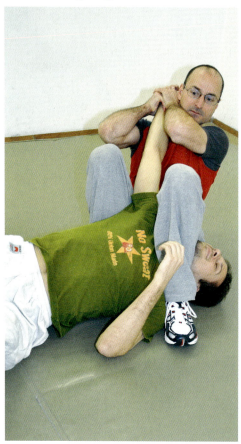

Tori streckt sein Bein, da ansonsten Uke unter dem Bein heraus schlüpfen oder beißen könnte:

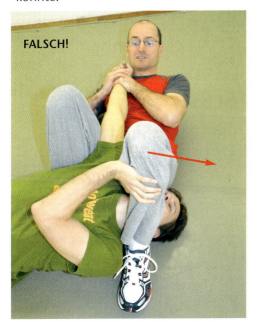

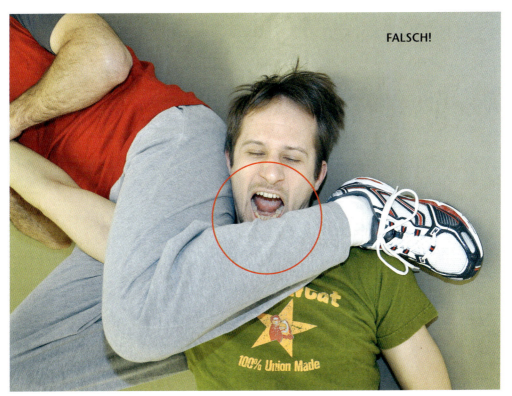

Kuzure ushiro kata hishigi

In der ursprünglichen Form handelt es sich um einen Schulterhebel (»Kata« = Schulter) an dem in Bauchlage befindlichen Uke. Aus verschiedenen Gründen bevorzugen wir jedoch in dieser Position einen Ellbogenhebel oder zumindest eine Kombination aus Schulter- und Ellbogenhebel.

Viele Menschen (gerade wenn sie jünger sind) sind im Schultergelenk sehr mobil. Die Wirkung eines Schulterhebels setzt bei diesen Personen sehr spät ein (zur besseren Darstellung wird hier nur mit den Händen gearbeitet):

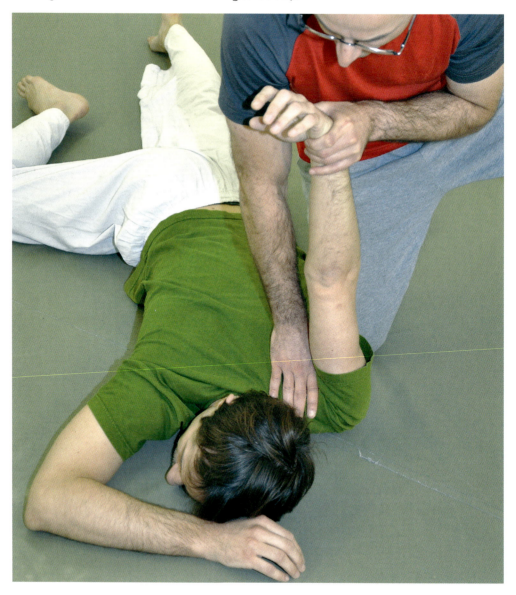

Hand- und Armhebel — Kuzure ushiro kata hishigi

Hat man es als gewichtsmäßig leichter Tori mit einem stark gebauten Uke zu tun, ist der Schulterhebel allein nicht mehr verlässlich (auch wenn die Beweglichkeit im Gelenk selbst nicht allzu groß ist), Tori wird hier einfach weggehoben.

GEFAHR!

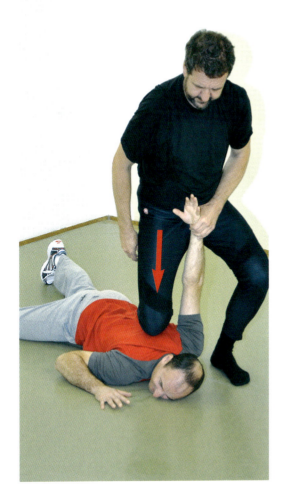

Nicht zu unterschätzen ist bei starkem Druck durch einen gewichtigen Tori auf den Rücken des am Bauch liegenden Uke die Gefahr des »**lagebedingten Erstickungstodes**«. Man nennt dieses Phänomen auch »**Positional Asphyxia Syndrome**«, kurz PAS.

Todesfälle hierdurch treten gelegentlich bei exekutiven Zwangsmaßnahmen und Festnahmen, aber auch bei unsachgemäßen Fixierungen durch Privatpersonen auf. Durch die stressbedingte erhöhte Adrenalinausschüttung besteht ein erhöhter Sauerstoffbedarf in Gehirn und Muskulatur. Bedingt durch die Bauchlage und die Belastung des Rückens wird die normale Atemmechanik eingeengt, Atemnot ist die Folge. Der Fixierte gerät in Panik (was wiederum einen Anstieg des Adrenalinspiegels zur Folge hat) und bewegt sich dadurch wild, dies wird als Gegenwehr fehlgedeutet und der Druck weiter erhöht.

Dieser weitere Druck auf den Rücken und damit Brustkorb schränkt die Atmung noch mehr ein, was zu weiterer Panik führt – ein Teufelskreis.

Der genannte problematische Druck auf den Brustkorb ist weit geringer, wenn die Fixierung mittels Ellbogenhebels (oder kombinierten Schulter- und Ellbogenhebels) erfolgt.

Das Schienbein von Toris anderem Bein wird auf Höhe von Ukes Ellbogengelenk aufgesetzt und rutscht nun unter ständigem Druck leicht nach unten, wodurch der Hebel Wirkung zeigt. Ukes Handgelenk liegt an der Oberschenkelinnenseite des aufgestellten Beins Toris auf. Die Kontrolle der Armrotation erfolgt über Ukes Hand. Tori befindet sich nun in einer stabilen Knie-Schritt-Position:

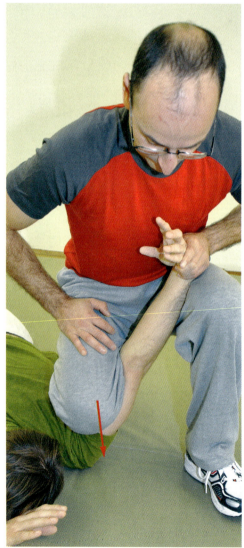

Bei unzureichender Wirkung kann der Hebel natürlich durch einen Handbeugehebel ergänzt werden:

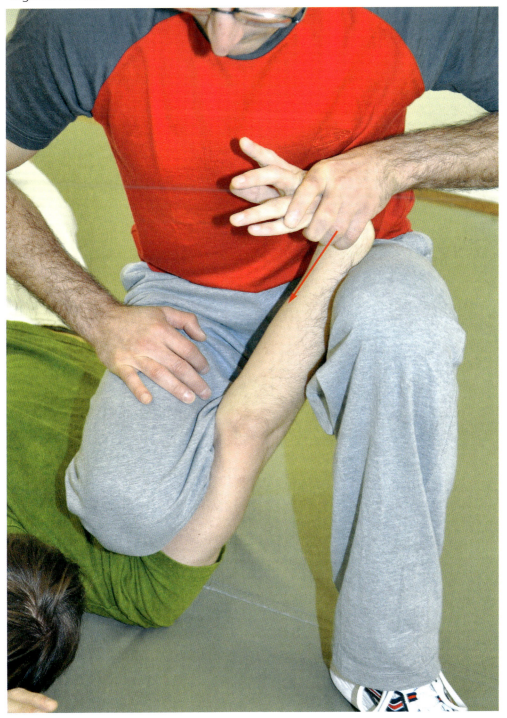

11. Schulterhebel am Boden

11.1 Außenrotation

Ude garami ne waza

Basismäßige Ausführung:
Tori liegt quer auf Uke, Brustbein auf Brustbein und lässt sein Gewicht wirken. Tori fasst Ukes Handgelenk und seinen eigenen Unterarm:

Der entscheidende Faktor bei diesem Hebel ist die **Innenrotation (*Pronation*) des Unterarms**. Dadurch setzt die Hebelwirkung weit früher ein.
Zum Vergleich: **Mit Rotation:**

Ohne Rotation: spätere Hebelwirkung sowie Verlust des engen Kontakts zu Uke

Variante: aus dem Reitsitz

Kesa garami

Basismäßige Ausführung:
Um ein Einflechten von Ukes gebeugtem Arm in Toris Kniekehle zu ermöglichen, muss Tori sein Bein anheben:

Ukes Handgelenk ist nun in Toris Kniekehle eingeklemmt. Der Hebel wird durch Anheben von Toris Becken angezogen:

Zusätzlich kann auch Ukes anderer Arm auf ähnliche Weise gehebelt werden:

11.2 Innenrotation

Mune garami

Basismäßige Ausführung:
Tori liegt quer auf Uke, Brustbein auf Brustbein und lässt sein Gewicht wirken. Tori fasst Ukes Handgelenk und seinen eigenen Unterarm:

Der entscheidende Faktor bei diesem Hebel (so wie schon bei Ude garami ne waza) ist die **Innenrotation (*Pronation*) des Unterarms**. Dadurch setzt die Hebelwirkung deutlich früher ein. Zum Vergleich:
Mit Rotation:

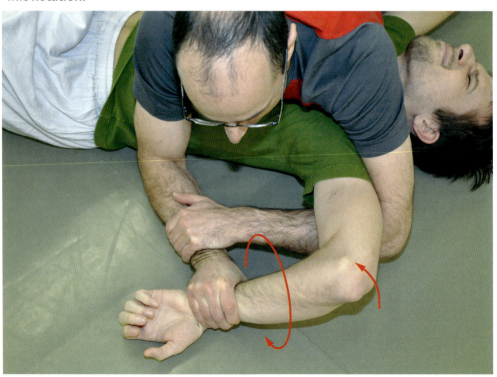

Hand- und Armhebel — Innenrotation – Mune garami

Ohne Rotation: Eventuell überhaupt keine Wirkung.

Danksagung

Auch dieses Buch war wieder ein Gemeinschaftsprojekt. So gebührt der Dank unserem Freund und Trainingskollegen Benjamin Schmid, der sich für Tausende von Fotos zur Verfügung stellte. Die Aufnahmen selbst wurden im Dojo unseres Vereins Shobukai Austria (www.shobukai.at) gemacht, das Coverfoto stammt von Maria Marek und entstand am Universitäts-Sportinstitut Wien. Last but not least herzlichen Dank an Angela Saur sowie Dr. Anke Susanne Hoffmann vom Verlag pietsch für die Verwirklichung unserer Idee.

Wissen für Kampfsportler

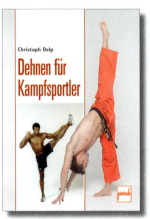

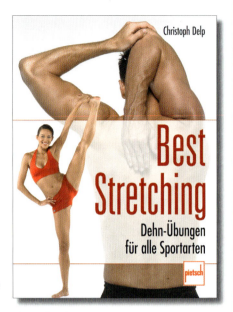

Christoph Delp
Dehnen für Kampfsportler
Dieses Buch liefert die Grundlagen zum Dehnen, stellt die wichtigsten Dehnmethoden und komplette Dehnprogramme zu den verbreitetsten Kampfsportarten vor.

112 Seiten, 155 Farbbilder, Format 170 x 240 mm
ISBN 978-3-613-50598-8
€ 14,95

Christoph Delp
Best Stretching
Dieses Grundlagenbuch für jeden Sportler enthält alles Wissenswerte über das Dehnen allgemein sowie Übungen, die geeignet sind, um sich danach fit und erholt zu fühlen.

96 Seiten, 176 Farbbilder, Format 195 x 265 mm
ISBN 978-3-613-50472-1   € 14,95

Christoph Delp
Kampfsport Solotraining
Alle, die zur Verbesserung von Technik und Fitness in den eigenen vier Wänden Kampfsport trainieren wollen, erhalten in diesem Ratgeber sämtliche Informationen.

112 Seiten, 205 Farbbilder, Format 170 x 240 mm
ISBN 978-3-613-50535-3
€ 14,95

Christoph Delp
Fitness für Kampfsportler
Auch bei Kampfsportlern ist körperliche Fitness Grundlage des Erfolges – spezielles Training ist unerlässlich. Der Autor stellt hier die effektivsten Übungen vor.

96 Seiten, 216 Farbbilder, 1 Zeichnung, Format 195 x 265 mm
ISBN 978-3-613-50489-9
€ 14,90

IHR VERLAG FÜR SPORT-BÜCHER
Postfach 10 37 43 · 70032 Stuttgart
Telefon: 01805/00 41 55*; Fax: 01805/959 729*
www.pietsch-verlag.de
*0,14 €/Min. aus dem dt. Festnetz, max 0,42 € pro Minute aus Mobilfunknetzen

Stand August 2011
Änderungen in Preis und Lieferfähigkeit vorbehalten